AF471415

Prix : 4 Francs

SYNDICAT D'INITIATIVE
DE TOURISME
DE VERSAILLES ET ENVIRONS

Fondé en 1911

Président Honoraire : M. E. AUSCHER

Président .... *M. Georges TRUFFAUT*
Vice-Présidents. *MM. YGER et COUTURIER*
Délégué Général. *M. VESLOT*
Secrétaires ...... *MM. QUENTIN et JULLIEN*
Trésorier .... *M. HUEBER*

SIÈGE SOCIAL :
39, rue du Maréchal-Foch

KIOSQUE DE RENSEIGNEMENTS :
Avenue de Paris, près la Place d'Armes

COMMISSION DE RÉDACTION DU GUIDE
MM. VESLOT et GEORGES TRUFFAUT

avec la collaboration littéraire, technique,
-:- artistique et photographique de -:-

MM. BAILLOU, BOURDIER, CHAFFIN, CROZET, FARMAN, GROSSEUVRE, HIRSCHAUER, JEHAN, GÉNÉRAL JOLY, R. ODDOUX, OTTENHEIM, PÉRATÉ, REY, TERRADE, CL. TOURANCHET ET VALLET.

VERSAILLES

CITÉ DE LA PAIX

LIVRET-GUIDE OFFICIEL
DU SYNDICAT D'INITIATIVE
DE TOURISME DE VERSAILLES
◇ ◇ ◇ ET ENVIRONS ◇ ◇ ◇

LA VILLE ◇ LE CHATEAU
LES TRIANONS, LEURS PARCS
◇ ◇ ET LES ENVIRONS ◇ ◇

Édité par la Société du *Guide Officiel du Syndicat d'Initiative de Versailles*
Siège Social au
SYNDICAT D'INITIATIVE DE TOURISME DE VERSAILLES
ET ENVIRONS, 39, RUE DU MARÉCHAL-FOCH

Cliché de la Compagnie Aérienne Française.

VERSAILLES A L'HEURE DE LA SIGNATURE DE LA PAIX. — COTÉ DU PARC. (*28 juin 1919.*)

AUX TOURISTES

❂ ❂ ❂

VISITEURS qui voulez connaître vite et bien les merveilles de notre région, étudiez *nos exactes notices* et suivez *nos itinéraires raisonnés.*

PROMENEURS, CYCLISTES, AUTOMOBILISTES, demandez-nous conseil, et consultez les *plans d'excursions* que nous vous suggérons.

ÉTRANGERS, adressez-vous à notre *Syndicat* pour tous *renseignements* qui vous seraient utiles pendant votre séjour ou en vue d'une visite éventuelle. (Prière de joindre à toute demande un timbre français pour la réponse.)

Vous trouverez dans ce Guide :

Cliché de la Compagnie Aérienne Française.

VERSAILLES A L'HEURE DE LA SIGNATURE DE LA PAIX. — COUR D'ENTRÉE. (*28 juin 1919.*)

NOTICE HISTORIQUE

SUR

LA VILLE DE VERSAILLES [1]

•

La grande et belle cité témoin de l'apogée et du déclin de la monarchie, qui fut le berceau de la Révolution et de l'Indépendance américaine, qui a vu si glorieusement effacer en 1919 l'humiliation de 1871, la capitale historique d'où sortent élus les présidents de la République française, a des origines fort anciennes mais très humbles.

Avant la création du château par Louis XIII, Versailles n'était qu'un pauvre petit village dominé par une butte assez élevée, et entouré de bois, d'étangs et de marécages. Il appartenait à l'abbaye de Saint-Magloire de Paris et occupait l'emplacement du palais et de la ville compris entre le parterre de l'Orangerie, la rue Gambetta, l'hôpital militaire, la partie occidentale de la rue du Vieux-Versailles et la rue Saint-Julien, sur l'emplacement de laquelle se trouvaient son cimetière et la petite église qui a laissé son nom à la rue.

Le premier document qui constate l'existence de Versailles serait une charte donnée en 1037 par Odon ou Eudes, comte de Chartres.

Louis XIII ayant fait bâtir le petit château dont il ne reste à peine qu'une partie enclavée dans le corps central de l'immense palais édifié par son fils, Versailles commença à acquérir quelque importance et les seigneurs de la Cour y firent construire plusieurs maisons de plaisance qui furent l'origine de la ville actuelle.

Mais Versailles ne devint réellement important et remarquable que sous Louis XIV, lorsque ce monarque y eut édifié un des plus magnifiques et des plus somptueux palais de l'univers que nous pouvons admirer encore dans son majestueux ensemble.

Voulant former une ville qui répondît à la grandeur de sa propre habitation, Louis XIV confirma tous les dons en terrains faits par son père, en accorda de nouveaux et ordonna que les maisons bâties

---

(1) Extrait complété et mis a jour de : *La Ville de Versailles, son Histoire, ses Monuments*, par Auguste Jehan. — Ouvrage honoré d'une souscription du ministère de l'Instruction publique et des Beaux-Arts. — 1 volume orné de 40 gravures. En vente chez Dubois, libraire, 17, rue Hocho, Versailles.

Dessin de G. Scott, par autorisation spéciale du journal " l'Illustration ".

LA SIGNATURE DE LA PAIX DANS LA GALERIE DES GLACES, LE 28 JUIN 1919.

ou à bâtir ne seraient sujettes à aucune hypothèque. Plus tard, les mêmes faveurs furent étendues aux héritiers des propriétaires qui avaient bâti. Des avantages aussi précieux et, plus encore, le séjour de la Cour la plus brillante du monde, ne tardèrent pas à attirer à Versailles, qui avait reçu le titre de Ville dès 1672 et où Louis XIV avait établi sa résidence permanente à partir de 1682, une foule de seigneurs dont les hôtels s'élevèrent bientôt comme par enchantement dans les voies droites et larges, symétriquement disposées à l'est du palais. Des ordonnances avaient réglé le mode des constructions qui, toutes, devaient, pour ne point masquer ou contrarier la vue du château, être basses, faites de briques et recouvertes d'ardoises.

La promptitude avec laquelle Versailles fut bâti força le roi à révoquer, en 1713, les privilèges accordés aux propriétaires. La ville n'en continua pas moins à s'accroître sous les règnes de Louis XV et de Louis XVI par la construction de quartiers étendus, tels ceux du Parc-aux-Cerfs et des Prés (quartiers Saint-Louis et Notre-Dame) et la réunion, en 1787, du grand et du petit Montreuil.

Jusque-là Versailles n'avait vécu que comme une dépendance du château ; mais, en 1787, la ville fut érigée en commune et put élire une municipalité. C'est le commencement de la vie légale et locale de Versailles.

Elle continuait entre temps à jouer son rôle de capitale historique : le traité de Versailles, en 1783, y consacrait la naissance des États-Unis d'Amérique.

Mais un soleil nouveau se lève bientôt à l'horizon : le 5 mai, le 20 juin, le 4 août 1789, la Révolution dicte des lois à la monarchie que le peuple de Paris vient assiéger, le 6 octobre, dans le palais de Louis XIV et ramène prisonnière dans la capitale, avec Louis XVI et sa famille comme otages. Cette journée d'émeute fatale à la monarchie est également funeste à la prospérité de Versailles. La Ville, après avoir offert au monde entier le spectacle imposant d'une nation qui marche à la conquête de ses droits, retombe bientôt dans un morne recueillement, et pendant de longues années, elle vivra sans grandeur, muette et triste au pied de son palais désert, en deuil de la monarchie.

Ville extraordinaire qui a vu Louis XVI et Mirabeau, la pompe de la majesté omnipotente et la première émeute dans le temple de la monarchie absolue, le premier sang versé sur les marches du trône séculaire ! Apogée et déclin d'une dynastie, et premier cri de révolte d'un peuple qui veut être roi à son tour, voilà toute l'histoire de Versailles en cent et quelques années ! Peu de villes en présentent d'aussi glorieuse, d'aussi brillante et d'aussi tragique à la fois.

Souillée par des massacres en 1792, presque dédaignée par Napoléon Ier, envahie et pillée par les Prussiens en 1814 et 1815, oubliée par les Bourbons de la Restauration, la Ville de Versailles ne se releva réellement que sous le règne de Louis-Philippe par la création du musée historique (1837) et l'établissement des chemins de fer (1839).

C'est sous le règne de Napoléon III, qui donna quelques fêtes à Versailles, que l'ancien parc de Clagny fut, en 1857, transformé en un des plus beaux quartiers de la ville.

Occupé par les Prussiens en 1870-71, Versailles eut la douleur de voir le roi de Prusse, Guillaume Ier, couronné empereur d'Allemagne dans la Galerie des Glaces. C'est encore à Versailles que l'armistice, la capitulation de Paris et les préliminaires de la paix furent signés et que se réfugia l'Assemblée nationale au moment de l'insurrection parisienne de 1871. Mais c'est dans l'Opéra du palais de la monarchie que cette assemblée constitue définitivement la République avant de se séparer (1875).

C'est dans son Trianon-Palace qu'après les angoisses de la grande guerre se lève l'aube de la paix par la remise des préliminaires aux délégués allemands le 7 mai 1919, et c'est dans cette même Galerie des Glaces, glorieux monument de nos fastes, terni depuis 1871, qu'en éclate enfin le grand soleil purificateur dans le rayonnement de la signature, par 27 États, du traité de justice imposé à l'Allemagne, le 28 juin 1919.

La population de Versailles, qui avait considérablement diminué en 1789 et qui avait beaucoup de peine à se maintenir au chiffre de 26 000 habitants avant 1810, n'a cessé de s'accroître à partir de cette date. De 35 360 en 1835, elle passe à 43 895 en 1867 et à 53 984 en 1891 pour stationner aux environs de 55 000 pendant quelques années et s'élever, au dernier recensement de 1911, à 60 458 habitants, en augmentation de plus de 5 000 âmes en cinq ans. Ce progrès est très caractéristique. Il s'explique par la situation, la beauté, le charme de la cité mieux connue, grâce aux travaux de nos littérateurs et de nos artistes, par la fraîcheur et la pureté de son air vif qui contraste si délicieusement avec la lourde atmosphère parisienne (1), et il annonce une reprise de prospérité justement méritée à laquelle n'ont cessé de travailler, aux côtés des municipalités, les nombreuses sociétés qui se sont fondées depuis plusieurs années.

Versailles, qui a gardé presque intact le cachet des XVIIe et XVIIIe siècles, s'agrandit et s'embellit d'année en année.

Qui veut la connaître et se pénétrer de son charme, si particulier, ne saurait se dispenser d'en visiter les remarquables monuments anciens et de jeter tout au moins un coup d'œil en passant sur les bâtiments plus modernes, dont la plupart évoquent cependant quelque souvenir du passé.

Le visiteur s'épargnera bien des pas et des peines s'il veut bien suivre l'itinéraire que nous lui proposons ci-après.

(1) L'observation scientifique a démontré que l'air de Versailles tamisé, de quelque côté que soufflent les vents, par plusieurs kilomètres de frondaison forestière, contient autant d'ozone que l'air le plus pur des régions montagneuses. « Versailles, cure d'air », n'est pas un vain mot.

La température est en moyenne de 2°3 (centigr.) inférieure à celle de Paris. En été, la différence atteint 2°9 ; en hiver, elle est à peu près de 2 degrés.

La pluie tombée en moyenne, par an, est plus élevée à Versailles qu'à Paris d'environ 1/8 ; mais, grâce à la nature sableuse du sous-sol, la dessiccation des routes et des rues est extrêmement rapide, de sorte qu'aussitôt que la pluie a cessé, il est possible de se promener au grand air, chaque jour, en toute saison.

D'après E.-S. Auscher,
Ingénieur des Arts et Manufactures.

Plan d'une visite de la Ville

TEMPS NÉCESSAIRE : 4 *heures au moins* (1).
DISTANCE : 8 *kilomètres environ.*

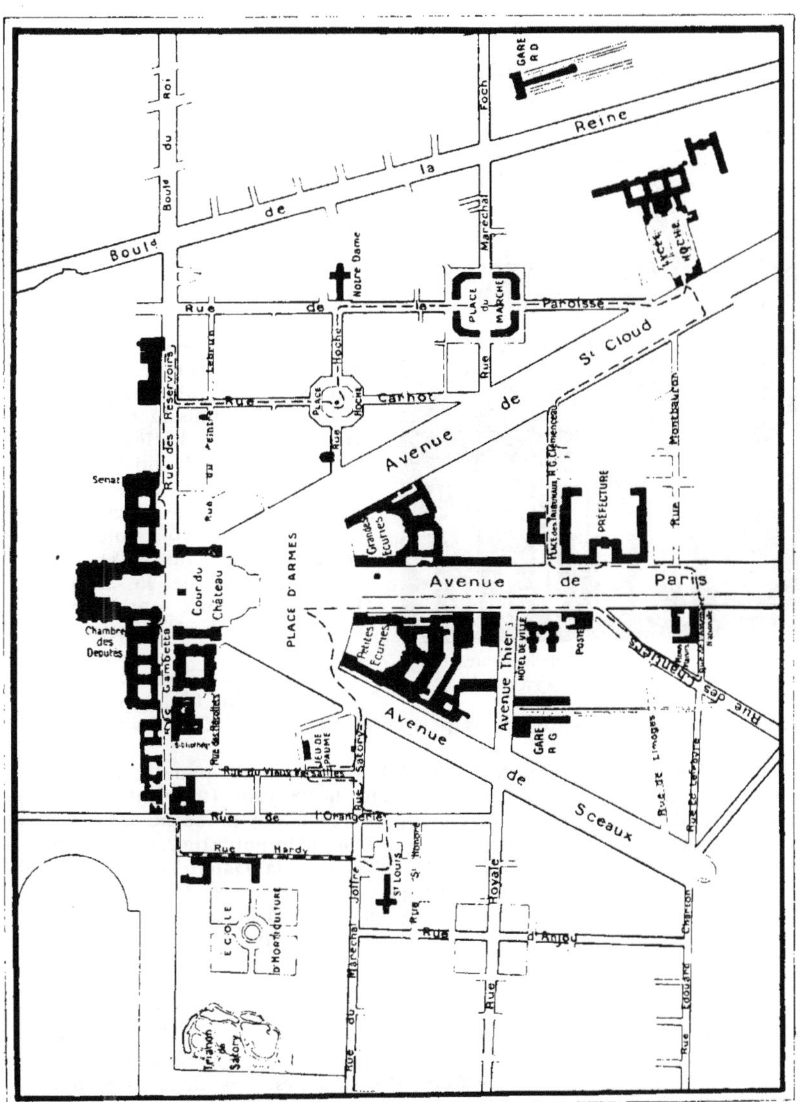

PLAN SCHÉMATIQUE DU CENTRE DE LA VILLE, PAR M. ROBERT ODDOUX.

(1) Non compris la visite aux Établissements G. TRUFFAUT et au square Duplessis.

Il est à présumer que le touriste partira du quartier des grands hôtels. Le pointillé sur le plan indique l'itinéraire.

En haut de la *rue des Réservoirs*, à droite, une porte cochère, surmontée de l'inscription

SÉNAT

attirera ses regards. Entrer sous la voûte, puis dans la cour et dans la galerie à droite. Un gardien fera voir la *salle des séances* qui, sous Louis XV, était celle de l'*Opéra*. On VISITE TOUS LES JOURS, même le lundi ; le dimanche, exceptionnellement, une entrée est ouverte du côté du parc.

Cliché de M. Bourdier.

LE FOYER DU THÉATRE.

Ce théâtre, construit de 1753 à 1770 par Gabriel, et inauguré le 6 mai 1770 pour le mariage du Dauphin avec Marie-Antoinette, a été rendu célèbre par le *Banquet des Gardes du Corps* qui suscita, le 1er octobre 1789, l'indignation des Parisiens et servit de prétexte à l'envahissement du Château et à l'arrestation des souverains (journées d'octobre). Louis-Philippe fit réparer et restaurer la salle. En 1871, l'Assemblée nationale s'y installa : puis la Constitution de 1875 l'affecta aux séances du Sénat, qui y siégea jusqu'au 2 août 1879. Pour adapter la salle de spectacle à son nouveau rôle, on dut rehausser les fauteuils jusqu'au niveau de la scène ; les proportions primitives s'en trouvent fâcheusement altérées.

La tribune Empire, transférée de Saint-Cloud, est historique ; elle a vu se dérouler les péripéties du coup d'État du 19 Brumaire.

C'est au foyer du *Théâtre de Louis XV* que l'accord pour la défense de la France en cas d'attaque a été conclu le 28 juin 1919 entre MM. Wilson, Lloyd George et Clemenceau, et c'est sur la scène qu'a été servi, le même jour, le lunch qui a réuni les plénipotentiaires à l'issue de la cérémonie de la signature de la paix dans la Galerie des Glaces.

En sortant du Théâtre, monter jusqu'à la grille de la *Cour du Château*, traverser celle-ci dans toute sa largeur jusqu'à la *Cour des Princes*, après la 2e aile ; dans cette cour, à gauche, visiter la

CHAMBRE DES DÉPUTÉS

D'autres gardiens, portant l'uniforme des huissiers du Parlement, introduisent les visiteurs par un dédale de vestiaires et de couloirs, dans cette vaste salle, aménagée en 1875 sur l'emplacement d'une ancienne cour du Château, dite *Cour des Cuisines*. Les députés y ont siégé jusqu'au 2 août 1879. Elle est maintenant affectée aux séances du Congrès pour l'élection du président de la République, et plus connue sous le nom de *Salle du Congrès*. On y remarque deux magnifiques tapisseries des Gobelins.

Dès qu'on aura quitté la *Salle du Congrès*, sortir de la cour du Château par la grille qui se trouve immédiatement à droite et descendre la *rue Gambetta*.

Le puissant quadrilatère de maçonnerie qui porte le n° 1 est l'

HOPITAL MILITAIRE

Mansart avait construit ce vaste bâtiment, de 1682 à 1685, pour abriter tous les services de bouche du roi ; il portait alors le nom de *Grand Commun* ; plus de 2 000 personnes s'y pouvaient loger.

Un étage, fort disgracieux, fut ajouté en 1826 ; six ans après, l'Hôpital militaire s'y installait.

La magnifique porte, encadrée de faisceaux et surmontée d'un cadran monumental, date d'une époque où le Grand Commun, après la Révolution, avait été transformé en manufacture d'armes.

Au fond de la *rue Saint-Julien*, porte de l'ancien *couvent des Récollets*, actuellement caserne du génie.

En passant devant le n° 3, remarquer les sculptures guerrières de la porte d'entrée de l'

ÉCOLE D'ARTILLERIE ET DU GÉNIE

ancien *Hôtel de la Guerre*, construit par Berthier, père du prince de Wagram, en 1759. Au fond de la cour, buste en bronze de Lazare Carnot. L'hôtel voisin, n° 5, est celui de la

Cliché de M. le Général Joly.

PORTE DU MINISTÈRE DE LA GUERRE.

BIBLIOTHÈQUE

Le même Berthier en fut l'architecte (1761-1762). Belle porte surmontée des statues de la Guerre et de la Paix.

Le monument, construit à l'épreuve du feu, hébergea d'abord les services des *Ministères des Affaires étrangères et de la Marine*, devint ensuite le siège de l'*administration du District de Versailles*, en 1793, et reçut enfin sa destination actuelle en 1799.

Plus de 250 000 volumes, provenant pour une bonne part des collections royales et princières, y sont conservés.

La *Salle publique de Lecture* est ouverte tous les jours de 13 h. 1/2 à 18 heures et le dimanche de 13 h. 1/2 à 16 h., sauf les jours de fêtes légales et les dimanches d'été.

Pour VISITER les *Galeries de la Bibliothèque*, s'adresser à la *Salle de Lecture* (escalier au fond de la cour, 1er étage à droite) ; on ne visite pas le dimanche. La perception d'un droit d'entrée est envisagée.

C'est dans la *Salle des Traités*, une des dix grandes pièces en enfilade, ornées de boiseries dorées, de dessus de porte de Van Blarenberghe et de peintures décoratives de Bachelier, et où se conservaient les archives des Affaires étrangères, que furent conclus les principaux traités de la fin de l'ancien régime et en particulier le *Traité de Versailles*, de 1783, qui, en consacrant l'indépendance des États-Unis, imposait aux cœurs américains la dette de reconnaissance dont ils se sont acquittés envers nous avec une si noble générosité.

En dehors de ses livres inestimables, la Bibliothèque possède un bel ensemble de meubles et d'objets d'art, de bustes, tableaux et miniatures, de pendules, de boiseries sculptées et dorées provenant du Château, de souvenirs de Port-Royal, de Saint-Cyr, de Marat et de Char-

Cliché de la Maison Ruckert et Cie.

LES SALLES DE LA BIBLIOTHÈQUE DE LA VILLE.

lotte Corday, etc., etc. L'encrier et le porte-plume en or qui ont servi à la signature de la Grande Paix du 28 juin 1919, offerts à la ville par M. Clemenceau, ont récemment pris place parmi les pièces précieuses de ces intéressantes collections.

D'autres maisons de la rue ont encore un intérêt historique, mais il faut passer rapidement, traverser la *rue de l'Orangerie* et, par la *rue de la Quintinye*, se rendre 4, *rue Hardy*, au

POTAGER DU ROI

On VISITE TOUS LES JOURS, sauf le dimanche, en s'adressant sur place à la direction de l'*Ecole nationale d'Horticulture*, qui y est établie depuis 1873.

Le dessin primitif, — œuvre de J.-B. de la Quintinye, jardinier de Louis XIV, — vaste quadrilatère de plus de 8 hectares comprenant quatre longues terrasses qui abritent de tous côtés un grand carré en contre-bas avec, au centre, un bassin circulaire, se retrouve aujourd'hui presque inchangé. L'immense jardin, qui remplaçait le potager de

Louis XIII, supprimé pour la création de voies nouvelles aux alentours du Château, agrandi sous Louis XV, loué par lots à des particuliers en 1783, siège d'une École centrale en 1798, pépinière nationale en 1801, ne fut rendu qu'en 1805 à sa destination première.

Cette école très florissante, « où sont réunis tous les moyens d'instruction théorique et pratique, véritable musée vivant des produits de la nature », est la seule école de France d'enseignement supérieur de l'Horticulture (15 000 arbres fruitiers, 11 000 mètres d'espaliers, un hectare de serres). Elle est dirigée par M. Nanot, ingénieur agronome, qui a succédé en 1891 à Aug. Hardy.

▸ Voir sur les terrasses la statue de bronze de La Quintinye par Cougny, le buste d'Aug. Hardy, de Marcel Lambert, Cougny et Coutan, deux vasques provenant de la ménagerie royale, à l'entrée du Jardin d'Hiver, du côté de la pièce d'eau des Suisses, la magnifique grille de l'*Entrée du Roi* par Fordrin, et au sud, la très curieuse grotte en blocs de grès de Fontainebleau, la pièce d'eau et les superbes arbres du *Petit Trianon de Satory*, ancienne propriété du comte de Provence, et résidence jusqu'en 1789 de son amie la comtesse de Balbi ; l'habitation a été détruite à la Révolution, mais le parc, ancien jardin de l'évêché, a été annexé en 1907 à l'École d'Horticulture et ce serait grand dommage de ne le pas connaître.

Cliché de M. le Général Joly.

STATUE DE LA QUINTINYE
A L'ÉCOLE NATIONALE D'HORTICULTURE.
(Au fond, la Cathédrale Saint-Louis.)

▸ En sortant, suivre la *rue Hardy* à main droite, traverser la *rue du Maréchal-Joffre* et visiter la

CATHÉDRALE SAINT-LOUIS

C'est un spécimen, unique en France, de basilique de style Louis XV. Elle fut édifiée de 1743 à 1754 par le petit-fils du grand Mansart, Jacques Hardouin-Mansart de Sagonne. Louis XV en posa la première pierre. Ses proportions sont assez imposantes : les voûtes sont élevées de 23 mètres ; la nef n'a pas moins de 93 mètres de long et le dôme s'élève à 60 m. du sol. Quelques belles toiles dans les chapelles, et, au pourtour du chœur, d'intéressants vitraux exécutés par la manufacture de Sèvres.

C'est dans cette église que, le 22 juin 1789, l'ordre du Clergé se réunit solennellement au Tiers État, après le *Serment du Jeu de Paume*. *Temple de l'Abondance* pendant la Révolution, l'église fut rendue au culte et érigée en cathédrale en 1801. Quatre ans après elle recevait la bénédiction du pape Pie VII, venu à Paris pour le sacre de Napoléon.

Sur la *place Saint-Louis,* voir en passant la statue en bronze de l'*abbé de l'Epée,* par le sculpteur Michaut. L'admirable instituteur des sourds-muets est un enfant de Versailles, où il est né en 1712.

Par la *rue de la Cathédrale* et la *rue de l'Orangerie* à gauche, gagner la *rue Satory,* que l'on suivra à droite jusqu'à la *rue du Vieux-Versailles,* à gauche. La première à droite est la ***rue du Jeu-de-Paume ;*** au nº 1, visiter la célèbre.

SALLE DU JEU DE PAUME

Ouverte tous les jours, sauf le lundi, de 10 h. à 12 h. et de 14 h. à 17 ou 18 h. selon les saisons. C'est dans cette salle que Bailly, maire de

LA SALLE DU JEU DE PAUME.

Paris et président de l'Assemblée nationale, prononça le 20 juin 1789 le serment fameux : « Nous jurons de ne jamais nous séparer et de nous rassembler partout où les circonstances l'exigeront, jusqu'à ce que la constitution soit établie et affermie sur des fondements solides ». Les noms des 577 signataires du serment sont peints sur la frise qui fait le tour de la salle. La construction date de 1686. Louis XIV y joua fréquemment ; la galerie couverte, encore existante, permettait aux spectateurs de se mettre à l'abri.

La salle contient, depuis 1883, un intéressant Musée de la Révolution.

Si l'on revient par la *rue du Vieux-Versailles* à la *rue Satory,* en tournant vers la gauche, on verra au nº 18 la maison où naquit Hoche, le 24 juin 1768.

Continuer la *rue Satory* jusqu'à l'*avenue de Sceaux* et du centre de la *place d'Armes,* dos au Château, bien regarder les vastes bâtiments symétriques en fer à cheval qui s'élèvent entre l'*avenue de Paris* et l'*avenue de Saint-Cloud*, à gauche, entre l'*avenue de Paris* et l'*avenue de Sceaux*, à droite. Ce sont

LA GRANDE ET LA PETITE ÉCURIE

toutes deux œuvres de Mansart (1679-1682). On ne visite pas.

La *Grande Ecurie*, à gauche, abrita jusqu'à la Révolution les chevaux de main du roi et des princes, et son manège, qui, transformé quelquefois en salle de spectacle, fut le théâtre de fêtes somptueuses. Remarquer les chevaux sculptés et le fronton aux armes de France qui surplombent la porte de l'Arcade. La caserne de la Grande Écurie

Cliché de M. Ottenheim.

LA PLACE D'ARMES ET LES ÉCURIES.

abrite l'*Ecole et la Direction de l'Artillerie*, et les bureaux de la Place.

La *Petite Ecurie*, à droite, renfermait les chevaux de trait et les voitures du roi. De 1830 à 1850, elle servit de remise aux carrosses que l'on voit maintenant au Grand-Trianon. Le 1er génie y est caserné. Remarquer le groupe équestre sculpté au-dessus de la porte de l'Arcade.

Descendre l'*avenue de Paris*. Au coin de l'*avenue Thiers* (1re à droite), les regards sont attirés par l'

HOTEL DE VILLE

construction moderne (1900), et masse un peu trop gigantesque pour s'harmoniser avec les autres monuments de Versailles. L'aile qui borde l'*avenue Thiers*, aujourd'hui complètement transformée, était autrefois l'*Hôtel de Conty* (1670), la plus jolie « maison de ville » de Versailles. La municipalité s'y était installée dès 1790. On voit encore dans le nouvel Hôtel de Ville de belles boiseries et dessus de porte provenant de l'ancienne demeure.

On ne VISITE qu'exceptionnellement *sur demande écrite* adressée à M. le maire.

Remarquer, en continuant à droite, sur l'*avenue de Paris*, la porte monumentale, délicatement fouillée, de l'ancien *Hôtel des Gendarmes*, au nº 6 ; l'*Hôtel des Postes*, tout récemment inauguré, au nº 8 ; puis prendre à droite la *rue des Chantiers*. Au nº 17, sur la gauche, on avisera une modeste porte; à droite de cette porte, sur un mur sale, une plaque commémorative, mise en place le 5 mai 1889, rappelle au passant que c'est « ici, qu'en 1789, l'*Assemblée nationale constituante* a

LA SALLE DES MENUS.
SÉANCE D'OUVERTURE DES ÉTATS GÉNÉRAUX EN 1789.
(*D'après une estampe.*)

tenu ses séances depuis le 5 mai jusqu'au 15 octobre ». On est en effet devant l'emplacement jadis occupé par la fameuse

SALLE DES MENUS PLAISIRS

qui servit aux séances des *Etats généraux*, et où, le 23 juin, Mirabeau lança au marquis de Dreux-Brézé son immortelle apostrophe : « Allez dire à votre maître que nous sommes ici par la volonté du peuple, et que nous n'en sortirons que par la force des baïonnettes. » Le Tiers État entrait dans la salle par la porte du 17 de la rue des Chantiers. Ce qui reste de l'*Hôtel des Menus Plaisirs*, bâti en 1750, aujourd'hui transformé en atelier militaire, occupe le 22 de l'*avenue de Paris*, sur laquelle on peut revenir par la courte *rue de l'Assemblée-Nationale*. Quant à la précieuse salle, berceau de la Révolution, elle fut détruite, hélas ! dès 1800 par un vandale qui n'avait pu se procurer l'autorisation de la transformer en une halle aux grains !

On peut agréablement couper ici la visite des monuments de Versailles en prenant le *tramway du Louvre* à l'arrêt fixe devant l'*Hôtel de Ville* jusqu'à la *grille de l'octroi*, au bas de l'*avenue de Paris*. En remontant cette avenue, à une centaine de mètres à gauche, on trouvera (au 90 *bis*) l'entrée des *Jardins d'expériences* et la

ROSERAIE GEORGES TRUFFAUT

où les amateurs d'horticulture et de beauté passeront une heure aussi délicieuse qu'instructive. C'est du 15 juin à fin juillet que l'on voit la Roseraie dans la plénitude de son épanouissement, mais elle est encore très intéressante en août et septembre. Les visiteurs y reçoivent le meilleur accueil ; un personnel spécial est chargé de les guider.

LA ROSERAIE GEORGES TRUFFAUT.

Demander à voir aussi le nouvel *Institut de Biologie agricole et horticole*, créé par les Établissements Georges Truffaut, en vue de concentrer toutes les recherches de chimie, de biologie, d'entomologie, de mycologie et de bactériologie agricoles. Il comporte de vastes laboratoires dont la visite est du plus haut intérêt.

On reprendra le *tramway Louvre-Versailles* jusqu'à l'*Hôtel de Ville* et l'on traversera l'avenue vers la

PRÉFECTURE

remarquable bâtiment, construit de 1863 à 1866, sur l'emplacement du *Chenil du Roi* (1685). Pendant l'occupation allemande de 1870, la Préfecture servit de quartier général au roi de Prusse. Thiers, le maréchal de Mac-Mahon et Grévy, présidents de la République, en firent leur résidence de 1871 à 1879, date du retour des Chambres à Paris.

Prendre la *rue Georges-Clemenceau ;* remarquer à gauche le

PALAIS DE JUSTICE

reconstruit en 1889-1890, à la place de l'ancien *Hôtel du Grand Veneur,* œuvre de Mansart, qui datait de 1670, et où le Tribunal civil et correctionnel s'était établi en 1800.

Suivre la *rue Georges-Clemenceau* jusqu'à l'extrémité, et descendre l'*avenue de Saint-Cloud* (à droite) jusqu'au n° 73, où se trouve le

LYCÉE HOCHE

ancien *Couvent des Ursulines,* construit de 1769 à 1772, sur l'emplacement d'une partie du domaine de Clagny, par l'architecte Mique. La reine Marie Leczinska en fut la fondatrice, et en paya partiellement la construction, achevée grâce aux libéralités de Mesdames et de Louis XV.

LA COUR D'HONNEUR ET LA CHAPELLE DU LYCÉE HOCHE.

De l'avenue, on aperçoit l'élégante *Chapelle,* au fond de la *Cour d'honneur.* Elle mérite une VISITE (S'ADRESSER AU CONCIERGE, sous le porche du Lycée) : bas-reliefs de Deschamps ; la peinture du dôme commémore la fondation : commencée par Briard, elle fut terminée à la mort de celui-ci par Lagrenée le Jeune, qui a signé les pendentifs.

Le Lycée, fondé par Napoléon en 1807, porte depuis 1888 le nom de *Lycée Hoche.*

En sortant du Lycée, tourner à droite, et descendre la *rue de la Paroisse* jusqu'à la *place du Marché.*

Si l'on a le temps, on peut tourner à droite et suivre la *rue du Maréchal-Foch* (à droite, *Hôpital civil,* avec une curieuse chapelle en rotonde où l'on accède par la grille du *boulevard de la Reine ;* à gauche, *Caisse d'Epargne,* au coin du même boulevard), dépasser la

Gare Versailles R. D. et aller voir, dans le petit square au bout de la rue, la statue de l'illustre sculpteur *Jean Houdon,* né à Versailles en 1741 ; elle est l'œuvre de Tony Noël, ancien prix de Rome, et a été inaugurée en 1891.

Revenir à la *place du Marché* et reprendre la *rue de la Paroisse* à droite, jusqu'à l'*Eglise*

NOTRE-DAME

édifiée sur les plans de Jules Hardouin-Mansart (1684-1686). Louis XIV en posa la première pierre. Le portail est un peu bas et l'ensemble assez lourd, mais l'on n'en saurait faire grief à l'architecte, car on sait que Louis XIV exigeait qu'aucun monument ne vînt contrarier, par son élévation, la vue de son palais.

La *Chapelle du Sacré-Cœur,* derrière le maître-autel, est une addition de 1867. Jusqu'en 1789, l'*Eglise Notre-Dame* fut la paroisse du Château. Louis XV y fit sa première communion. A la Révolution, elle fut pour un temps cathédrale du nouveau diocèse de Versailles. Fermée en 1793, successivement *Temple de la Raison,* puis *Temple décadaire,* elle fut rendue au culte catholique en 1802. L'orgue date de 1686 ; la chaire est aussi du temps de Louis XIV. Dans la 1re chapelle à gauche, un monument renferme le cœur du général Hoche.

Par la rue qui fait face au portail et qui porte le nom de l'illustre général, on se rend au square qui entoure sa statue, érigée en 1836.

STATUE DE HOCHE

Elle est du sculpteur Lemaire; le bronze provient des canons pris à Alger. Sur le piédestal, de nombreuses inscriptions, rédigées par l'académicien Villemain, rappellent les glorieux états de service du noble fils de Versailles.

On revient vers l'*Hôtel des Réservoirs,* par la *rue Carnot,* à droite en tournant le dos à Notre-Dame. Remarquer, au n° 11, le *Pavillon des Sources,* d'où sous Louis XIV les eaux étaient distribuées dans la ville, et au n° 9, la caserne dite *Quartier de la Reine,* dont les bâtiments, construits en 1672, servirent d'écuries royales et princières jusqu'en 1789.

La visite du Versailles historique est pratiquement achevée. On est revenu au point de départ, le quartier des grands hôtels. Deux d'entre eux méritent une mention spéciale : les *Réservoirs* et le *Trianon-Palace.*

HOTEL DES RÉSERVOIRS

Il comprend deux parties. La plus ancienne, dans l'axe de la *rue Carnot,* récemment restaurée et surélevée de trois étages, occupe depuis 1752 l'emplacement de la *Pompe,* qui sous Louis XIV alimentait la *Grotte de Thétis* de l'eau puisée dans l'étang de Clagny. La gracieuse construction était un don de Louis XV à Mme de Pompadour ; l'hôtel renferme encore les délicieux salons de la célèbre favorite.

L'autre partie, nos 11 et 11 *bis,* a été construite également de 1780 à 1783 à la place d'anciennes machines élévatoires, par l'architecte d'Arnaudin. Ses nombreuses pièces et ses vastes salons ont servi successivement de garde-meuble de la Couronne, de *Mairie de Versailles* (1788-1790), de *Tribunal* (1793-1800) et de *Préfecture de Seine-et-Oise* de 1800 à 1866.

C'est l'*Hôtel des Réservoirs* qui hébergea en 1814 l'empereur de Russie, l'empereur d'Autriche et le roi de Prusse ; il dut, en 1870-71, recevoir nombre de princes allemands : Jules Favre et M. Thiers y descendirent.

SALON DE LECTURE DE L'HOTEL DES RÉSERVOIRS.

L'annexe, réquisitionnée par le gouvernement, a logé en 1919 les conseillers techniques et les plénipotentiaires allemands, qui ont discuté et signé le traité de Versailles; les autres membres de la mission résidaient à l'*Hôtel Vatel* et à l'*Hôtel Suisse* (actuellement *Hôtel Royal*). La réponse aux contre-propositions allemandes — qui n'accordait aux Allemands que trois jours pour accepter définitivement nos conditions — a été remise à leur représentant le 16 juin 1919 dans le *Salon de Lecture* de l'Hôtel.

SALLE DES SÉANCES DU CONSEIL DE GUERRE INTERALLIÉ
AU TRIANON-PALACE.

TRIANON-PALACE

Le *Trianon-Palace* est une luxueuse construction, édifiée en 1910 au n° 1 du *boulevard de la Reine*, sur l'emplacement occupé avant 1789 par la propriété de la duchesse de Polignac, et, depuis 1854, par le couvent des Capucins.

Si cet hôtel est le plus récent des édifices de la ville, il n'en a pas moins une place déjà marquée parmi les monuments intéressants de Versailles par suite des événements d'importance capitale qui s'y sont déroulés au cours de la grande guerre.

Cliché du Service photographique de l'Armée.

SALLE A MANGER DU TRIANON-PALACE.
(Remise des conditions de paix aux plénipotentiaires allemands.)

Réquisitionné tout d'abord comme hôpital par nos alliés britanniques en 1914 et 1915, après une réouverture temporaire en 1916 et 1917 il était bientôt affecté aux services du Conseil de guerre interallié, et servait de théâtre à ces mémorables conférences qui, dès fin 1917, décidèrent de l'issue victorieuse de la guerre. Enfin, c'est dans sa vaste *salle à manger* que M. Clemenceau remit solennellement les conditions de paix des Alliés aux plénipotentiaires allemands, le 7 mai 1919.

NOTICE HISTORIQUE
SUR
LE CHATEAU (1)

« Versailles est né de la volonté d'un homme, volonté si puissante et si absolument créatrice que, malgré les retours imprévus de l'histoire qui s'est faite en ses murs, malgré les menaces d'abandon et de

LE CHATEAU DE VERSAILLES SOUS LOUIS XIII.
(D'après une estampe.)

ruine, et les restaurations souvent plus cruelles que la solitude, l'énorme château et la ville qui l'entoure demeurent dans l'esprit de ceux qui les visitent l'œuvre de Louis XIV. »

Il n'en est pas moins vrai que c'est Louis XIII, le roi grand chasseur, qui, voulant un pied-à-terre à proximité de Saint-Germain, choisit

(1) D'après VERSAILLES, par ANDRÉ PÉRATÉ, dans la collection des *Villes d'Art célèbres* (en vente chez H. LAURENS, éditeur, 6, rue de Tournon, Paris, au château et dans les librairies de Versailles), avec autorisation de l'auteur : les passages cités textuellement sont entre guillemets.

pour l'y construire cette petite butte au centre d'un terrain giboyeux, plat et boisé, coupé de ruisseaux et de marais, qui, maintenant élargie, drainée et assainie, supporte l'imposante masse des bâtiments et la partie haute des jardins.

LE CHATEAU DE LOUIS XIII

« C'était peu de chose que le château construit par Louis XIII — 50 mètres de façade — mais c'était une gracieuse chose et de goût bien français ! » Deux étages flanqués de deux ailes, ceignant une petite cour — la future *Cour de Marbre* — tout de pierre et de briques, « avec l'harmonie chatoyante et vive des blancs placages sur fond rouge et l'élégance des combles aigus aux revêtements d'ardoises, percés de fenêtres et de lucarnes ». Les murs intérieurs de la *Cour de Marbre* donnent, en proportion agrandie, une idée assez juste de ce qu'était ce premier

LE CHATEAU DE VERSAILLES SOUS LOUIS XIV.
1er aspect : ŒUVRE DE LE VAU. (*D'après une estampe.*)

château, dont Louis XIV en sa piété filiale imposa la scrupuleuse conservation au cœur même des bâtiments nouveaux à ses architectes successifs.

Telle est la raison du contraste si violent des styles, selon qu'on regarde l'une ou l'autre façade.

LE VERSAILLES DE LE VAU

Dès son enfance, Louis XIV adora la modeste maison et les bois environnants. Il y vint chasser dès l'âge de 13 ans (1651), et en garda l'habitude.

Les premiers travaux d'agrandissement et d'embellissement furent commencés sur son ordre en 1661 ; ils ne devaient plus s'arrêter pendant un demi-siècle. L'architecte Louis Le Vau, le jardinier Le Nôtre, le peintre Le Brun — dont les talents réunis venaient de produire, pour le surintendant Fouquet, la merveille de *Vaux* — passent au service du roi. Les millions s'engloutissent, « au désespoir du sage Colbert »,mais tous les arts sont mobilisés et préparent l'apothéose.

En 1664, Louis XIV manifeste son désir de séjourner à Versailles : l'habitation est insuffisante pour loger le roi et son conseil ; Le Vau propose un plan déjà grandiose qui est adopté. L'avant-cour est agrandie et flanquée de quatre gros pavillons en pierre et briques, qui, plus tard, reliés deux à deux, formeront les *Ailes des Ministres*. Mais c'est du côté des jardins que sera désormais tournée la véritable façade, de style romain, à colonnades et balustrades, de ce premier château

LE CHATEAU DE VERSAILLES SOUS LOUIS XIV.
2e aspect : ŒUVRE DE MANSART. *(D'après une estampe.)*

de Louis XIV. « Dans le milieu même de la puissante masse qui domine les jardins, une vaste terrasse au premier étage, — à l'endroit où se dressera bientôt la *Galerie des Glaces;* c'est un balcon gigantesque d'où le roi et sa cour peuvent admirer le jeu des eaux et du soleil dans le cadre des arbres et des fleurs. »

LE VERSAILLES DE MANSART

Si merveilleux qu'il soit, le Château ne suffit bientôt plus au rôle éclatant qui lui est réservé. La Cour et le Gouvernement sont sur le point de s'y transporter. Il y faut des logements pour un nombre infini de courtisans et de serviteurs publics et privés. Or, Le Vau est mort en 1670. Son élève, François Dorbay, n'a guère fait que diriger l'opulente décoration des intérieurs. C'est l'architecte Jules Hardouin-Mansart qui va maintenant entreprendre — et réaliser pendant plus de trente ans — la fidèle exécution des volontés royales.

Une véritable armée de maçons, de terrassiers, de manœuvres, s'abat à nouveau sur le domaine. Elle remue les terres, assèche les marécages, amoncelle les pierres et les marbres. En 1685, il y aura plus de 6 000 chevaux et de 36 000 hommes sur ces chantiers insalubres où la mortalité est si prodigieuse qu'on emporte toutes les nuits, dit Mme de Sévigné, « des charrettes pleines de morts ».

Dès le 6 mai 1682, les bâtiments sont assez avancés pour que Versailles puisse remplacer le Louvre ; « la Monarchie française s'y est transportée ; elle n'en sera arrachée qu'en 1789 ».

Les bâtiments du château de Louis XIII ont été surélevés de combles à revêtements d'ardoise, dont les fenêtres en avancée, les « mansardes », s'encadrent de plombs dorés. Du côté des jardins, la *Galerie des Glaces* (1679-1684), de 73 m. de long sur 10 m. de large et 13 m. de hauteur, entre les deux *Salons de la Guerre* et *de la Paix* (1686) remplace la terrasse de Le Vau, et les grandes *Ailes du Midi* (1682) et *du Nord* (1689) achèvent de développer l'immense envergure de la façade occidentale dans sa régularité définitive.

A cette merveilleuse habitation royale, il ne manquait plus qu'une *chapelle* assez vaste pour recevoir toute la Cour. C'est à la construction du joyau que nous admirons toujours que Mansart consacra les dernières années de sa vie (1699-1708), laissant à son beau-frère Robert de Cotte le soin d'en diriger le décor. La bénédiction solennelle, après achèvement complet, fut donnée le 5 juin 1710 par le cardinal de Noailles, archevêque de Paris.

ADDITIONS ET MODIFICATIONS ULTÉRIEURES

L'œuvre de Louis XIV était parachevée. Les contributions de ses successeurs ne furent pas toutes également heureuses. Nous ne parlerons pas ici de l'adaptation intérieure, sous Louis XV et Louis XVI, de quelques appartements intimes qu'on visitera avec intérêt ; signalons seulement la construction, par Jacques-Ange Gabriel, premier architecte de Louis XV, de la magnifique *Salle de l'Opéra* (1753-1770) où il semble que l'écho redise encore les airs de Lulli, de Rameau et de Gluck (*voir p.* 12).

L'activité du même Gabriel se manifesta encore en 1771, mais cette fois au grand dommage de l'harmonie de la cour d'entrée. Les ailes de pierre et briques du château primitif se délabraient ; il construisit à droite « une aile énorme, avec une lourde colonnade et un fronton de temple grec, qui domina, écrasa les pauvres bâtiments de brique rose ». Son plan, faute de fonds, ne fut d'ailleurs exécuté qu'à demi, — mais le Château, de ce côté, en « resta à tout jamais estropié ».

Depuis le 6 octobre 1789, date ou la Monarchie française dut abandonner cet asile de son éclat séculaire, jusqu'au jour où Louis-Philippe lui rendit une vie nouvelle, le château de Versailles dormit, d'un sommeil à peine interrompu par la construction (commencée sous Napoléon et terminée sous Louis XVIII) du pavillon qui, sur la gauche, fait pendant à l'*Aile de Gabriel* (*Pavillon Dufour*) et par le séjour de 1815 à 1830 de quelques familles d'émigrés.

Sa destination définitive fut fixée par Louis-Philippe qui y consacra d'énormes sommes sur sa liste civile et en fit un vaste musée consacré « à toutes les gloires de la France ». Ce musée, inauguré en 1837, est devenu en réalité un musée de l'histoire de France sous toutes ses formes, et ses collections sont les plus importantes et les plus nombreuses parmi celles du même genre qui existent en Europe.

On peut regretter que la création des galeries nouvelles, en particulier celle de la *Galerie des Batailles*, ait amené la destruction de trop d'appartements intérieurs et des merveilles de décoration qu'ils contenaient. Mais elle a peut-être sauvé, pour la nation, le Château de Louis XIV, en lui donnant une destination utile, et elle a groupé une quantité d'œuvres de peinture et de sculpture précieuses pour l'histoire et pour l'art.

Un remaniement général du Musée, particulièrement dans les collections de portraits, a été entrepris par MM. de Nolhac et A. Pératé et a déjà donné satisfaction à divers désirs du public : les ressources mises à la disposition de l'administration sont malheureusement insuffisantes. Le Musée n'a que des œuvres d'un caractère historique. Partout des cartels fort précis guident les souvenirs des visiteurs. Des acquisitions nouvelles, des dons et des commandes de l'État pour la partie contemporaine, viennent combler peu à peu les lacunes existantes, mais il reste encore beaucoup à faire pour qu'il justifie à tous égards la noble inscription qui le consacre : *A toutes les gloires de la France.*

Le Musée national n'occupe que le centre du Château et une partie des ailes. Le reste est sous la juridiction du Parlement, depuis que l'Assemblée nationale transporta à Versailles, en 1871, le siège du gouvernement, et comprend les salles du Sénat (ancien Opéra) et du Congrès, décrites plus haut, p. 12.

Visite du Château et du Musée

Temps nécessaire : 2 h. 1/2 *en moyenne.*

Jours et heures d'ouverture :

du 15 février au 31 mars, de 10 h. à 12 h. et de 14 h. à 17 h. 1/2.
du 1er avril au 30 septembre, de 10 h. à 12 h. et de 14 h. à 18 h.
du 1er octobre au 14 février, de 10 h. à 12 h. et de 14 h. à 16 h.

Les groupes accompagnés d'un gardien peuvent visiter en outre de 12 h. à 14 h.

Le musée est fermé tous les lundis et lendemains de fête, pour le nettoyage, le 1er janvier, le jeudi de l'Ascension, le 14 juillet, et les jours de l'Assomption, de la Toussaint et de Noël, à moins que ces fêtes ne tombent un dimanche.

Des *conférences-promenades* sur l'histoire du Château et des Trianons sont faites à l'usage du public, pendant plusieurs mois de l'année, généralement le lundi, par l'un des attachés à la Conservation du Musée.

Pour tous détails, s'adresser au *Syndicat d'Initiative.* Les inscriptions (payantes) sont reçues au secrétariat du Musée tous les jours de semaine de 10 h. à 12 h. et de 14 h. à 16 h.

Les visiteurs gagneront du temps à suivre l'itinéraire suivant :

De la *place d'Armes,* où aboutissent les trois larges *avenues de Saint-Cloud, de Paris et de Sceaux,* séparées par la *Grande* et la *Petite* Écurie (*voir p.* 17), pénétrer dans la

COUR D'ENTRÉE

par la grille centrale, surmontée d'un écusson doré aux armes de France, chef-d'œuvre de ferronnerie.

Cette cour est comprise entre deux grands bâtiments, appelés *Ailes des Ministres,* où demeuraient les ministres de l'ancienne Monarchie et où les bureaux de plusieurs ministères ont trouvé asile pendant la Commune de 1871.

Au centre, à l'endroit où se trouvait jadis le seuil de la *Cour royale*, une *statue équestre de Louis XIV*, en bronze, par Cartellier et Petitot, érigée par Louis-Philippe. La collection hétéroclite de héros gigantesques qui se dresse sur le pourtour était destinée, en grande partie, à orner le *Pont de la Concorde ;* c'est Louis-Philippe qui eut l'idée de la transférer à Versailles.

Avant d'entrer au Musée, s'avancer derrière la statue de Louis XIV vers la

COUR DE MARBRE

au cœur de l'ancien château Louis XIII. Le niveau du sol a été abaissé

Cliché de M. Bourdier.

LA COUR DE MARBRE.

de 0 m. 75 sous Louis-Philippe, ce qui gâte fâcheusement les proportions des colonnes de soutènement du balcon doré par rapport à leurs bases. Magnifique horloge au centre de l'étage ajouté par Mansart ; statues remarquables aux angles, au-dessus des fenêtres du premier.

Pour entrer au château, contourner l'aile qui sépare la *Cour de Marbre* de la *Chapelle ;* l'entrée est sous le péristyle qui conduit aux jardins. Remarquer en passant le

CHEVET DE LA CHAPELLE

qui, du dehors, paraît un édifice assez singulier, « la triste représentation d'un immense catafalque », dit Saint-Simon, mais qu'on n'en admire pas moins dès l'extérieur pour la finesse de ses sculptures et l'élégance de son toit à faîtage de plomb.

On pénètre à droite, sous le péristyle, dans le

VESTIBULE BAS DE LA CHAPELLE

Vestiaire, obligatoire mais gratuit.

Voir à droite, la *grande porte de la nef centrale ;* puis commencer la visite des galeries par les

PREMIÈRES SALLES DE L'HISTOIRE DE FRANCE (2 à 11).

Elles renferment des tableaux qui rappellent les principaux faits

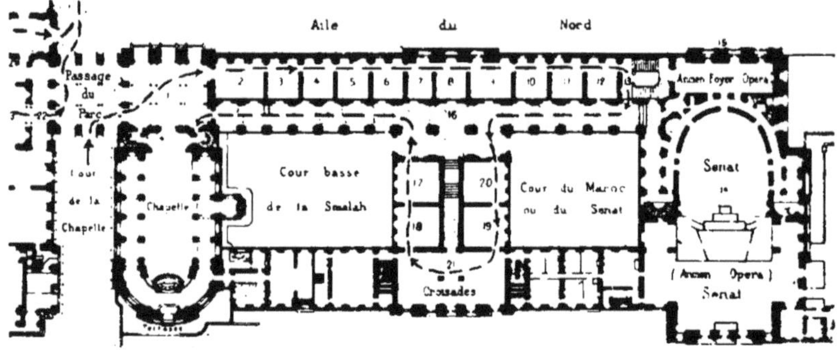

COTÉ NORD (rez-de-chaussée).

de notre histoire nationale depuis Clovis jusqu'au règne de Louis XVI. La dernière est la

SALLE FRANCO-AMÉRICAINE (12)

inaugurée le 25 septembre 1919. Elle est consacrée aux héros de l'Indépendance des États-Unis et destinée à perpétuer les liens de mutuelle gratitude qui unissent les deux grandes Républiques.

En tournant à droite, on suit la

GALERIE DE PIERRE (16)

qui contient des œuvres de sculpture du moyen âge (moulages de statues royales des tombeaux de Saint-Denis ou marbres exécutés d'après ces statues).

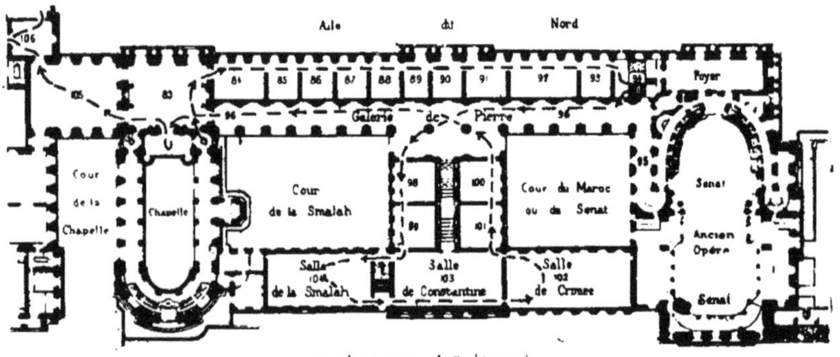

COTÉ NORD (1er étage).

Passer rapidement, ainsi que dans les *Salles des Croisades* (17 à 20), que l'on peut, à la rigueur, négliger ; on est ramené dans le *vestibule bas de la Chapelle*, d'où l'on gagne, par l'escalier tournant à gauche, le *vestibule haut.* Continuer immédiatement la visite des

SALLES DE L'HISTOIRE DE FRANCE (84-93)
depuis l'expédition d'Égypte jusqu'au règne de Louis-Philippe. La dernière de ces salles donne sur un grand escalier qui conduit à l'

ATTIQUE DU NORD
consacré à une collection de portraits du XVIe et du XVIIIe siècle.
Redescendre au 1er étage, et s'engager dans la

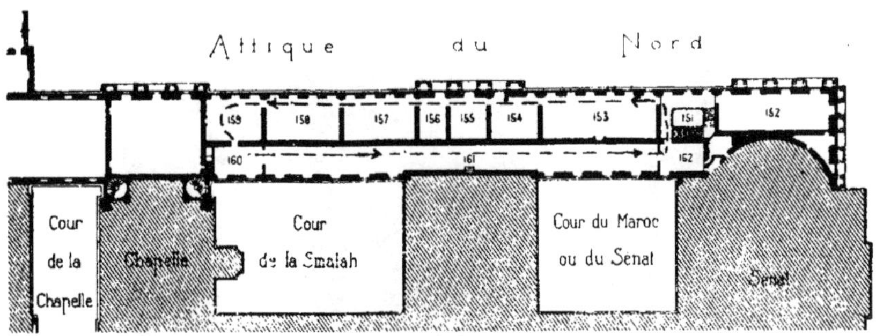

CÔTÉ NORD (2e étage).

GALERIE DE SCULPTURE (96)
parallèle à celle de l'Histoire de France, et qui mène à l'entrée des *Salles modernes* (98 à 101) et des *Salles d'Afrique*, de *Crimée et d'Italie* (104-102).

SALLES MODERNES (98-101).

Dans les salles de droite, on remarquera la *Retraite de Russie*, par Yvon, la *Bataille d'Inkermann*, par Gustave Doré, etc.

Dans les salles de gauche : la *Fête de la Fédération en* 1790, par Couder ; les *Enrôlements volontaires de* 1792, par Vinchon ; les *Dernières Victimes de la Terreur*, par Muller.

On passera des unes aux autres par les trois suivantes :

SALLE DE LA SMALAH (104)

Le fameux tableau d'Horace Vernet (21 m. 39 sur 4 m. 89) représente la *Prise de la Smalah d'Abd-el-Kader* par le duc d'Aumale, en 1843. A droite est la *Bataille de l'Isly*, gagnée par le maréchal Bugeaud sur les Marocains, en 1844 ; en face, d'intéressantes aquarelles militaires.

SALLE DE CONSTANTINE (103)

Au mur du fond sont les trois grands tableaux d'Horace Vernet, se rapportant à la prise de Constantine. Le chef-d'œuvre du peintre est le tableau de gauche, l'*Assaut*. Les autres tableaux de la salle sont aussi d'Horace Vernet. Toutes les figures d'officiers et de soldats sont des portraits.

SALLE DE CRIMÉE ET D'ITALIE (102)

Elle contient l'illustration complète de l'expédition de Crimée, notamment le très beau tableau de Pils (*Bataille de l'Alma*) et les trois tableaux d'Yvon sur la *Prise de Malakoff* (1855). Aquarelles sur le siège de Sébastopol.

La guerre d'Italie (1859) est représentée par deux tableaux d'Yvon : *Magenta* et *Solférino*.

Les salles 101 et 100 ramènent dans la *Galerie de Sculpture*, que l'on suivra à gauche jusqu'au

VESTIBULE HAUT DE LA CHAPELLE (83)

La construction en est de la même époque que la Chapelle elle-même (fin Louis XIV). C'est par là que le roi accédait à sa tribune

Cliché de M. Bourdier.

LA CHAPELLE ROYALE.

(admirer la magnifique porte). Le visiteur y est bien placé pour voir la partie supérieure de la

CHAPELLE

et les peintures, un peu trop théâtrales, de la voûte, par Philippe Meusnier et Antoine Coypel. La décoration sculpturale est par contre du goût le plus fin ; remarquer les figures d'anges, porteurs d'emblèmes, qui forment une sorte de chemin de croix, les délicieuses têtes de chérubins aux cintres des arcades et les trophées sculptés sur la face des piliers de la nef, œuvre merveilleuse en son unité des multiples collaborateurs de Robert de Cotte.

Du vestibule on passe dans le

SALON D'HERCULE (105)

C'était la grande salle de bal de la Cour au XVIIIe siècle. Il date seulement du commencement du règne de Louis XV. Le plafond, un des plus grands qui existent (18 m. 50 sur 17 mètres), représente l'*Apotheose d'Hercule.* Cette belle œuvre d'art, sur toile marouflée, a été achevée par Lemoine en 1736. Le

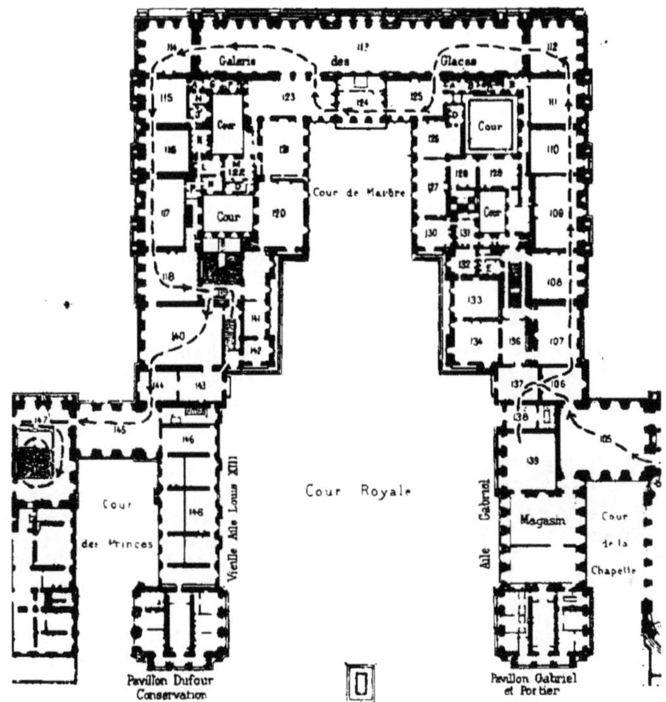

PARTIE CENTRALE (1er étage).

SALON DE L'ABONDANCE (106)

y fait suite. Le plafond, peint par Houasse, représente l'*Abondance* ou la *Magnificence royale.* Les tableaux, mis à la place d'anciennes tapisseries, sont de Van der Meulen, le principal peintre de batailles de Louis XIV.

Ce salon est comme l'antichambre des *grands appartements.* Avant de visiter ceux-ci, voir les salles 137, 138 et 139, qui s'ouvrent à gauche, sur la Cour de Marbre.

SALLES DES GOUACHES (137, 138)

Ces deux petites salles, jadis *Cabinet des Médailles,* contiennent d'intéressantes gouaches de Van Blarenberghe ; elles conduisent à la

SALLE DES ÉTATS GÉNÉRAUX (139)

dont la frise, de Louis Boulanger, représente le *Défilé des Etats Généraux.* L'installation de cette salle date de Louis-Philippe. On y a placé trois immenses toiles modernes, la *Bataille de Champigny*, de de Neuville, la *Charge de Reichshoffen*, d'Aimé Morot, et les *Funérailles du Président Carnot*, du peintre versaillais Georges Bertrand.

On revient au *Salon de l'Abondance*, qui donne accès au

SALON DE VÉNUS (107)

Les cinq salons qui commencent ici ont chacun le nom d'une planète, et la divinité qui sert à la désigner est représentée au plafond avec ses principaux attributs.

Les *grands appartements* étaient meublés somptueusement et tendus en partie de tapisseries des Gobelins représentant l'histoire de Louis XIV. Ces salons servaient trois fois par semaine aux célèbres réceptions de la Cour, logée en grande partie dans les immenses ailes du Château. Les uns étaient réservés pour les jeux, les autres pour la musique et la danse. Le *Salon de Vénus* était destiné aux collations. Dans la niche, la statue de *Louis XIV* en empereur romain.

SALON DE DIANE (108)

Le *Salon de Diane* était sous Louis XIV la chambre du billard.

La décoration est restée, comme la précédente, entièrement ce qu'elle était sous Louis XIV. Sur la console, un autographe du grand roi.

Cliché de M. Bourdier.

LE LOUIS XIV VICTORIEUX, DE COYSEVOX, AU SALON DE LA GUERRE.

SALON DE MARS (109)

Le plafond représente le dieu de la guerre sur un char traîné par des loups. Sur la cheminée, un tableau : *Louis XIV enfant*, à cheval, avec le Pont-Neuf dans le fond.

Ce salon et les suivants étaient tendus de tapisseries et magnifiquement meublés.

La Conservation du Musée a été assez heureuse pour en faire remettre plusieurs en place. Superbes tapis de la Savonnerie.

On voit dans le *Salon de Mars* la curieuse horloge automatique, fabriquée en 1706 pour Louis XIV par Louis Morand.

SALON DE MERCURE (110).

Au plafond, Mercure, sur un char, traîné par deux coqs, est accompagné de la Vigilance. Le salon servait, sous Louis XIV, de chambre de parade et avait un lit précédé d'une balustrade d'argent ciselé.

SALON D'APOLLON (111)

Le beau plafond, peint par Lafosse, représente Apollon, auquel on comparait si souvent le *Roi Soleil*, sur son char tiré par quatre chevaux et accompagné des Saisons.

C'était la salle du Trône, et Louis XIV y donnait audience aux

Cliché de M. Bourdier.

LA GALERIE DES GLACES.

ambassadeurs. Il y a aussi des tapisseries admirables de l'*Histoire de Louis XIV*.

SALON DE LA GUERRE (112)

Ce salon forme un ensemble avec la *Galerie des Glaces* et le *Salon de la Paix* qui est à l'autre extrémité. Les trois plafonds ont été peints par Charles Le Brun, premier peintre du roi et l'ordonnateur de toute la décoration du Château.

GRANDE GALERIE OU GALERIE DES GLACES (113)

On se rappelle que Louis XIV la fit élever par Mansart sur une terrasse, formant renfoncement entre deux pavillons de la construction de Le Vau. La décoration a été entièrement dirigée par Le Brun qui a peint au plafond, en trente sujets, l'histoire de Louis XIV de 1661 à 1678. Chaque peinture est renfermée dans une riche bordure de sculpture dorée. Remarquer les admirables trophées de cuivre, sur les parois de marbre.

La Galerie a 73 mètres de long sur 10 mètres 50 de large et 13 mètres de hauteur.

Les plus grandes fêtes de la Cour ont eu lieu dans la *Galerie des*

Glaces. Parmi les faits modernes, on doit rappeler la bénédiction pontificale donnée du balcon par le pape Pie VII, le 3 janvier 1804 ; le banquet de l'inauguration du Musée, en 1837 ; la fête en l'honneur de la reine d'Angleterre, en 1855 ; le couronnement du roi de Prusse comme empereur d'Allemagne, le 18 janvier 1871 ; le bal offert par le maréchal de Mac-Mahon, à la fin de l'Exposition universelle de 1878; la célébration solennelle du centenaire des États Généraux par le président Carnot entouré de tous les corps de l'État, le 5 mai 1889 ; la réception, le 8 octobre 1896, du tsar Nicolas II qui parut au balcon

LE CABINET DU CONSEIL.

pour être acclamé par la foule immense massée devant le Château; enfin la signature de la Grande Paix mondiale qui vient d'y effacer à jamais la tache imméritée de 1871 (*voir p.* 8)

CABINET DU ROI OU CABINET DU CONSEIL (125)

La porte de glace ouverte au premier tiers de la Galerie donne accès dans le *Cabinet du Roi*.

Ce salon date de la seconde moitié du règne de Louis XV.

On peut entrer de là dans les *petits appartements de Louis XV* (fermés les jours de Grandes Eaux). Ils sont visités sous la conduite d'un gardien. Ils ont été faits, à diverses époques, sous Louis XV, pour constituer au roi un appartement plus intime. Ils ont servi également à Louis XVI, et avaient été richement remeublés pour les quelques heures que l'empereur et l'impératrice de Russie y ont passées, le 8 octobre 1896.

CHAMBRE DE LOUIS XIV (124)

Du *Cabinet du Roi ou du Conseil* on entre dans la pièce centrale du Château, qui fut, à partir de 1701, la chambre de Louis XIV.

Elle a conservé ses boiseries sculptées blanc et or et la balustrade dorée qui coupait la pièce dans toute sa longueur. Au-dessus du lit, une *France veillant sur le Roi*, en stuc doré, par Nicolas Coustou. Le lit et presque tout le reste du mobilier datent d'époques plus récentes. Remarquer l'impressionnante figure de cire de Louis XIV à 68 ans, par Antoine Benoist. C'est dans cette chambre que le grand roi rendit le dernier soupir, le 1er septembre 1715, après 72 années de règne.

Louis XV y coucha jusqu'en 1738. Le 6 octobre 1789, Louis XVI, puis Marie-Antoinette furent forcés de paraître au balcon devant la foule des émeutiers parisiens qui avaient envahi le Château, et de promettre qu'ils iraient résider aux Tuileries.

ANTICHAMBRE DITE « L'ŒIL-DE-BŒUF » (123)

Ce salon tire son nom de la fenêtre ovale qui donne sur une petite cour. La frise représente une chasse d'enfants ; c'est une des plus belles œuvres décoratives du temps de Louis XIV. On remarquera sur la cheminée le plus magnifique des bustes de Louis XIV, exécuté par Coysevox, en 1681, dans la période la plus brillante du règne.

On rentre dans la *Galerie des Glaces* et l'on tourne à gauche pour arriver au *Salon de la Paix.*

SALON DE LA PAIX (114)

Au plafond, la France assise sur un char tiré par des tourterelles et précédée par la Paix. Au-dessus de la cheminée, *Louis XV* donnant la paix à la France, par Lemoine.

De la fenêtre, en face de l'entrée, on a une belle vue sur la *Pièce d'eau des Suisses.*

CHAMBRE DE LA REINE (115)

La décoration a été faite pour la reine Marie Leczinska. On remarquera le plafond et ses voussures, la bordure de la glace, les deux portraits de reines, et de magnifiques tapisseries des Gobelins.

Cette chambre a été habitée par la reine Marie-Thérèse, femme de Louis XIV, morte en 1683 ; par la Dauphine de Bavière, femme du Grand Dauphin, fils de Louis XIV, morte en 1690 ; par la duchesse de Bourgogne, morte en 1712 ; par la reine Marie Leczinska, morte en 1768 ; par Marie-Antoinette, jusqu'au 6 octobre 1789. Dix-neuf princes et princesses de la maison de Bourbon y sont nés.

On entre d'ici (sauf les jours de Grandes Eaux), dans les *Cabinets de Marie-Antoinette.*

LE SALON DE MARIE-ANTOINETTE.

La suite de petites pièces qui portent ce nom, et qui servaient de dégagement et de complément au grand appartement de la reine, a été entièrement refaite pour Marie-Antoinette. Elles avaient auparavant été occupées sous une forme différente par Marie Leczinska, femme de Louis XV.

GRAND CABINET DE LA REINE (116)

Ce salon est décoré de tapisseries de l'*Histoire de Louis XIV*. On y voit l'armoire à bijoux de Marie-Antoinette.

ANTICHAMBRE (117)

Le roi et la reine y mangeaient en public.

Une des tapisseries représente la visite de Louis XIV, accompagné de Colbert, à la manufacture des Gobelins ; on y voit la table sur laquelle a été signé le traité de paix du 28 juin 1919.

SALLE DES GARDES DE LA REINE (118)

Cette belle pièce est toute lambrissée de compartiments de marbre. Le plafond, peint par Noël Coypel, représente *Jupiter accompagné de la Justice et de la Piété.*

Le 6 octobre 1789, l'invasion du Château par des bandes armées de piques eut lieu par l'*Escalier de marbre* qui aboutit à cette pièce. Les gardes du corps, qui avaient ordre de ne pas faire usage de leurs armes, se replièrent sur l'appartement du roi. Un garde de la reine fut laissé pour mort en travers de la porte, entre la salle précédente et celle-ci ; mais l'appartement de la reine ne fut point envahi.

ESCALIER DE LA REINE (119)

La porte de la *Salle des gardes du Roi* est à côté du buste de Louis XIV. En face est la porte de l'*appartement de Mme de Maintenon*, mariée secrètement à Louis XIV, en 1684, et dès lors presque traitée en reine.

Cet appartement renferme actuellement une série de portraits de l'époque de Louis XIV.

L'escalier qui monte au 2e étage et qui date de Louis-Philippe conduit aux salles de peinture historique moderne, dites

ATTIQUE CHIMAY (174 à 183)

Les grandes salles sont au nombre de quatre. La première, récemment organisée, est réservée aux

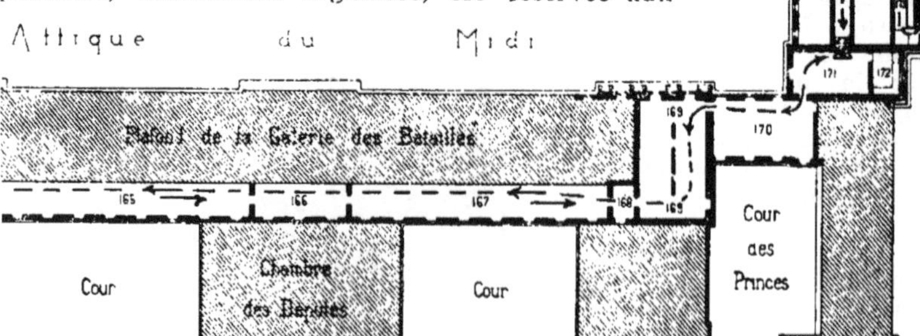

ATTIQUE CHIMAY, COTÉ MIDI (2e étage).

documents contemporains de l'époque de la *Révolution française ;* la dernière aux portraits de la famille de Napoléon. On trouvera partout d'intéressants portraits, bustes et dessins du temps du Consulat et de l'Empire.

On monte quelques marches pour voir l'

ATTIQUE DU MIDI (166 à 171)

L'exposition du dix-neuvième siècle continue dans plusieurs salles, dont l'une est consacrée aux dignitaires du premier Empire, l'autre

Cliché de M. Bourdier.

LA GALERIE DES BATAILLES.

aux portraits et scènes de la Restauration ; plus loin sont les portraits de la famille de Louis-Philippe, etc.

En revenant sur ses pas et en descendant l'escalier, on trouve la

GRANDE SALLE DES GARDES (140)

Il y a trois grands tableaux : la *Bataille d'Aboukir* (1799), par Gros; le *Serment de l'Armée après la distribution des aigles par Napoléon en* 1804, par David ; enfin la *Fête du Centenaire des Etats généraux, le* 5 *mai* 1889 ; M. Roll y a représenté l'ovation faite par la foule au pré sident Carnot, à Versailles, devant les Grandes Eaux de Neptune, et y a peint beaucoup de visages connus.

Par une petite salle (144), consacrée aux portraits de diverses célébrités artistiques ou politiques du règne de Louis XIV, et par la

SALLE DE 1792 (145)

autrefois *Salon des Marchands* qui venaient du dehors offrir leur parfumerie ou de la papeterie aux habitants du Château (au centre, colonne en porcelaine de Sèvres, offerte à Napoléon Ier par la Ville de Paris), on arrive à l'*Escalier des Princes*, qui desservait les appartements de l'*Aile du Midi*, occupés par les princes du sang, et à la

GALERIE DES BATAILLES (148)

Cette immense galerie, construite en 1836 sous Louis-Philippe, a

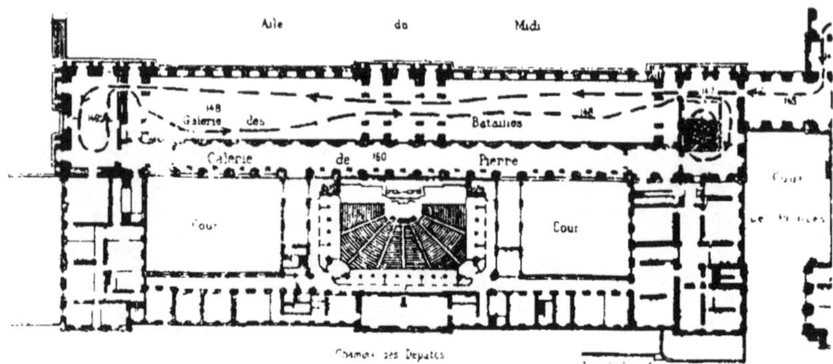

COTÉ MIDI (1er étage).

120 mètres de long (47 mètres de plus que la Galerie des Glaces) sur 13 mètres de large. Elle occupe l'emplacement des appartements des princes et renferme, en commençant par la gauche, une suite de vastes compositions sur les principales batailles de l'histoire de France.

Au fond de la galerie, s'ouvre une salle dite *Salle de* 1830 (149), où plusieurs peintures rappellent la Révolution de 1830, qui fit roi des Français Louis-Philippe, duc d'Orléans, le futur fondateur du Musée de Versailles.

On revient sur ses pas jusqu'à l'*Escalier des Princes*, que l'on des-

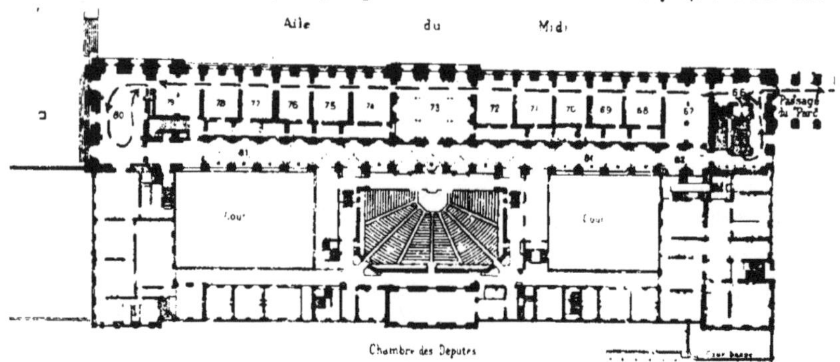

COTÉ MIDI (rez-de-chaussée).

cend. En tournant deux fois à gauche, on se trouve devant l'entrée de la

GALERIE DE L'EMPIRE (68 à 80)

au-dessus de laquelle on lit : *Secrétariat général de la Questure.* Cette partie du Château, rarement ouverte au public, est en effet une dépendance de la salle du Congrès. Les premières de ces treize salles se rapportent aux campagnes de la République

Les tableaux commencent à l'année 1796 et représentent les principaux épisodes des campagnes d'Italie, d'Égypte, de Marengo, d'Austerlitz, d'Iéna, de Friedland, d'Espagne et de Wagram, et beaucoup de faits historiques et de cérémonies de l'époque.

Revenant sur ses pas, on sort par le

VESTIBULE DE LA COUR DES PRINCES

qui donne accès dans le parc, sur la terrasse de l'Orangerie. La porte

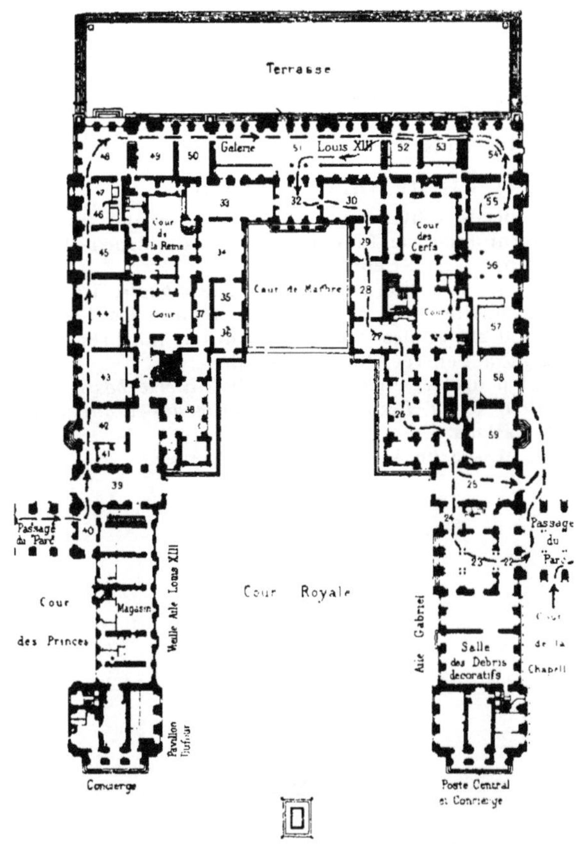

PARTIE CENTRALE (rez-de-chaussée).

toujours ouverte, en face de celle par laquelle on est sorti, fait rentrer dans le Musée pour visiter le rez-de-chaussée du corps du Château.

NOUVELLES SALLES DU DIX-HUITIÈME SIÈCLE (42 à 51)

Il est indispensable de visiter ces précieuses salles *sans lesquelles on ne peut avoir une idée des richesses d'art que renferme le Musée.*

Cette installation, qui date des dernières années du XIXe siècle, est consacrée aux documents, portraits, scènes, etc., qui se rattachent à l'histoire de France au XVIIIe siècle, œuvres de haute valeur artistique dues aux peintres H. Rigaud, Largillière, Belle, Van Loo et surtout Nattier.

APPARTEMENT DU DAUPHIN (47 à 50)

Ces salles faisaient sous Louis XIV l'appartement de Monseigneur (dit le Grand Dauphin) et ont été décorées pour le Dauphin, fils de Louis XV. La salle d'angle, dite *Salon des Nattier*, contient les portraits des filles de Louis XV, par ce peintre.

On traverse le Grand Vestibule, dit

GALERIE BASSE (51)

Ce vestibule, situé au-dessous de la *Galerie des Glaces*, servait à passer directement de la *Cour de Marbre* dans les jardins. On vient d'y installer une belle collection de tableaux des batailles de l'époque de Louis XV.

Puis on pénètre dans l'

APPARTEMENT DE MESDAMES (52 à 55)

Les quatre pièces renferment des scènes et portraits du règne de Louis XVI, notamment le fameux tableau de *Marie-Antoinette et ses enfants*, par Mme Vigée-Lebrun.

Revenant sur ses pas, l'on sort de la *Galerie basse*, à gauche. En tournant encore à gauche, puis à droite, on trouve les *Salles de Peinture contemporaine* (30-28) et des vestibules ornés de marbres et de moulages qui reconduisent à l'entrée de la Chapelle.

Si l'on prend à droite, en sortant de la *Galerie basse*, on aboutit au bas de l'*Escalier de la Reine*, par la *Salle des Acquisitions nouvelles* et la *Salle des Plans*.

La visite du Musée de Versailles est terminée.

NOTICE HISTORIQUE

SUR

LE PARC

LES JARDINS DE LE NOTRE

LE plan général des jardins de Versailles date de Louis XIV. Au petit parterre de plates-bandes bordées de buis taillé qui étalait sa « broderie » aux alentours du chétif château Louis XIII, André Le Nôtre substitue en 1665 le vaste dessin géométrique qui imprime au Parc sa physionomie définitive. Les forêts de Compiègne, de Flandre, de Normandie, celles même du Dauphiné, sont mises à contribution et fournissent par milliers des arbres tout poussés. Les charmilles se taillent, les bosquets se disposent symétriques ; quelques bassins heureusement disposés éclairent les carrefours, tandis que la mythologie fournit d'inépuisables bordures de statues de pierre blanche.

Des fêtes brillantes se donnent dans ces premiers jardins dont d'innombrables jeux d'eau viennent bientôt rénover le charme. On sait les folies commises par Louis XIV pour capter les eaux nécessaires à la vie et au jaillissement de ces fontaines. Le Brun, les frères Marsy, Lerambert, Le Hongre, Le Gros, Tubi, Coysevox, Girardon, les fondeurs Keller sont les artisans prestigieux de ce monde de marbres et de bronzes qui ornent les bassins et leurs margelles.

LA RESTAURATION DE 1776

Cent ans après, les jardins de Louis XIV, mal entretenus, exigeaient une rénovation complète. Le goût du jour était aux allées tortueuses et irrégulières du jardin anglais ; le parc du *Petit-Trianon* fut, à cette époque, tracé à l'anglaise; mais on eut le tact de respecter à Versailles le plan général de Le Nôtre et ce n'est guère que dans quelques bosquets et quelques dispositions de détail que la mode nouvelle eut son application ; — le parc, presque en entier, fut replanté par le jardinier Lemoine en 1776.

LE PARTERRE DE LATONE ET LA PERSPECTIVE DU PARC SOUS LOUIS XIV.
(*D'après une estampe.*)

Depuis, le temps a donné aux frondaisons cette majestueuse luxuriance que nous admirons aujourd'hui ; ni Louis XIV ni Louis XVI n'ont pu jouir, comme nous-mêmes, du resplendissant spectacle que nous offrent à l'heure actuelle ces cathédrales de verdure, ces bronzes patinés et ces silencieuses perspectives.

Cliché de M. Davanne.
LE PARTERRE DE LATONE ET LA PERSPECTIVE DU PARC. (État actuel.)

ITINÉRAIRE DE LA VISITE DES JARDINS

Le Parc est ouvert *de 6 h. du matin à la tombée de la nuit* (*10 h. du soir en été*).

Temps minimum nécessaire : 2 *heures en moyenne.*
Distance a parcourir : 6 *kilomètres environ.*

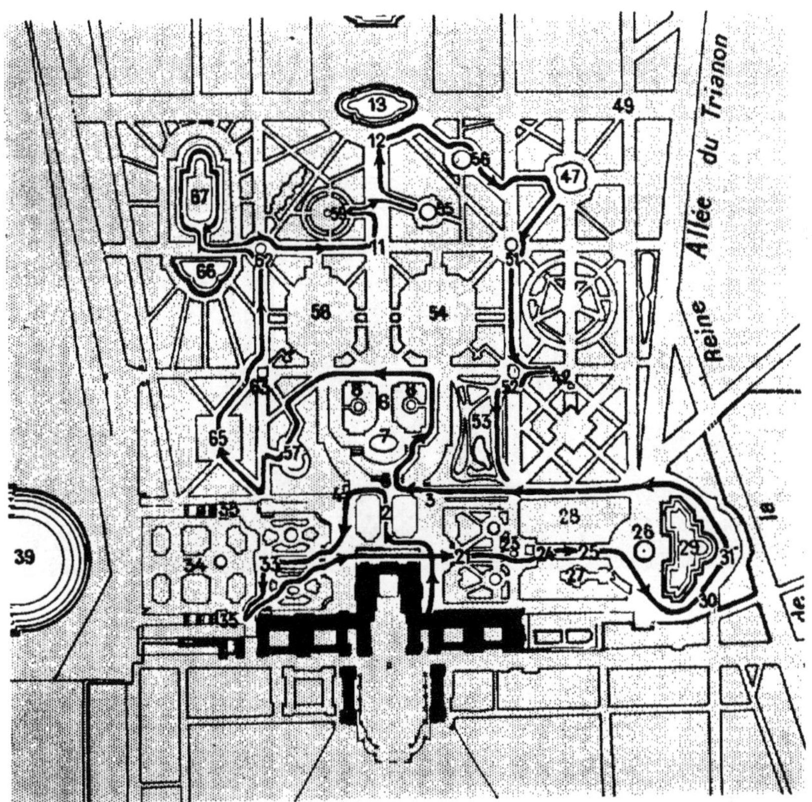

PLAN D'UNE VISITE COMPLÈTE DES JARDINS.

Si l'on veut, sans fatigue excessive, parcourir l'immensité de ce parc en admirant à la fois l'harmonie du plan général, la splendeur de la végétation, la grâce des bassins et la valeur artistique des bronzes et des marbres dont il est peuplé, il sera bon de suivre, guide en main, l'itinéraire que nous traçons ici :

VUE GÉNÉRALE DES JARDINS

En entrant dans le Parc, le visiteur longe le Château et arrive sur la terrasse et au *Parterre d'eau.*

En se plaçant au centre, au bord de l'escalier (5), il a devant lui la vue générale des jardins. Au pied de l'escalier, le *Bassin de Latone* (7), puis le grand *Parterre de Latone* (6), au fond duquel s'ouvre une longue perspective formée par l'*Allée Royale* ou *Tapis Vert* (11), le *Bassin d'Apollon* (12) et le *Grand Canal* (15).

De chaque côté du *Parterre d'eau*, sont : à gauche, le *Parterre du Midi* (33), celui de *l'Orangerie* (34), et, en dehors des grilles, la *Pièce d'eau des Suisses* (39); à droite, le *Parterre du Nord* (*Petite Provence*) (21), l'*Allée d'eau* ou *des Marmousets* (25), le *Bassin du Dragon* (26) et le

Cliché de M. le Général Joly.

LE CHATEAU DE VERSAILLES AUJOURD'HUI. (Partie centrale.)

Bassin de Neptune (29). Quatorze bosquets, six à gauche, huit à droite, complètent la disposition générale des jardins de Versailles.

FAÇADE DU CHATEAU SUR LES JARDINS

Du *Parterre d'eau* on a la vue la plus majestueuse du Château, qui montre son corps principal faisant saillie et ses deux grandes ailes.

La longueur de la façade est de 415 mètres ; le développement complet, en comprenant les façades en retour du corps central, est de 670 mètres. D'aucun point le regard n'en peut embrasser la masse.

Il y a partout un rez-de-chaussée, un premier étage et un attique. Les 96 statues ornementales ont 2 m. 45 de hauteur. Les vases et trophées décorant la balustrade étaient tombés en ruine et avaien. été enlevés sous le premier Empire On vient d'en remettre en place de semblables, qui rompent fort heureusement la monotonie d'une ligne trop longue

Les deux grands vases de marbre placés aux angles de la terrasse au pied du Château sont remarquables

LE PARTERRE D'EAU (2)

L'ornementation du *Parterre d'eau* présente le plus bel ensemble d'œuvres de bronze qui soit au monde. Ses deux bassins qui ont remplacé en 1674 l'unique et vaste miroir où se reflétait la terrasse de Le Vau sont bordés d'une tablette en marbre blanc portant seize magnifiques statues de fleuves et rivières de France, de nymphes et d'enfants groupés.

Ces bronzes, dont le modèle est dû aux plus grands sculpteurs de

Cliché de M. Ottenheim.

LA " BRODERIE " DU PARTERRE DU MIDI.
(La terrasse de l'Orangerie et la pièce d'eau des Suisses.)

l'époque de Louis XIV, ont été fondus à l'Arsenal de Paris par les frères Keller.

A gauche, voir, en passant, le *Cabinet du Point du Jour* (4), avec les Combats d'animaux de Van Clève.

PARTERRE DU MIDI ET TERRASSE DE L'ORANGERIE (33)

Ce parterre est bordé de tablettes de marbre supportant des vases de bronze. Au perron du milieu, on remarque deux groupes exquis représentant chacun un Sphinx de marbre portant un petit Amour de bronze. Au perron de droite, statue d'*Ariane couchée* d'après l'antique du Musée du Vatican.

La terrasse est au-dessus des vastes galeries voûtées de l'*Orangerie*, construites par Mansart en 1686, et qui ont servi de prison en 1871 pour les insurgés de la Commune.

La galerie centrale mesure 155 m. de long ; les galeries latérales 144 m. 43.

Les *Cent Marches* (35), vastes escaliers de 20 m. de large, descendent de chaque côté de l'*Orangerie* (34) vers la route de Saint-Cyr.

A l'extrémité de l'*Aile du Midi*, statue en plomb de Napoléon, par Bosio Dans la cour en contre-bas, statue équestre du duc d'Orléans.

Du centre de la *Terrasse*, vue magnifique sur la *Pièce d'eau des Suisses* (39), creusée de 1678 à 1682, par le régiment des gardes suisses, pour favoriser l'assèchement du sol sur l'emplacement du futur *Potager du Roi* (*voir p.* 14). Elle a 617 m. 84 de long sur 213 m. 14 de large. Son périmètre est de 1 617 m. 80.

A l'extrémité on distingue une statue équestre, assez mal en point, un *Louis XIV* de Bernin, transformé en Marcus Curtius par Girardon, et exilé, dit-on, en cet endroit lointain sur l'ordre du royal modèle qui en était fort mécontent.

Repassant devant le Château, on gagne immédiatement le *Parterre du Nord* (21), l'*Allée des Marmousets* (25) et le *Bassin de Neptune* (29). On comprend aussitôt la symétrie recherchée entre les parties droite et gauche du décor. En effet, le

Cliché de M. le Général Joly.

L'AILE DU NORD.

(Vue du Bain des Nymphes.)

PARTERRE DU NORD (21)

fait pendant à celui du Midi. On y accède par un escalier de marbre, entre les statues du *Remouleur*, de Foggini, et la *Vénus accroupie*, de Coysevox. Suivre l'allée centrale jusqu'à la *Fontaine de la Pyramide* (23), plomb de Girardon, au carrefour d'une allée transversale si bien abritée des vents du nord que les mamans versaillaises et les convalescents l'ont de longue date nommée *Petite Provence.*

CASCADE DE L'ALLÉE D'EAU (24)

On descend l'allée au-dessous de la *Pyramide* qui s'appelle l'*Allée d'eau*. Au bassin carré où l'eau tombe en cascade, l'admirable bas-relief central en plomb bronzé, par Girardon, représente des *Nymphes au bain*.

ALLÉE D'EAU, DITE DES MARMOUSETS (25)

L'allée est ornée de quatorze petits bassins de marbre blanc, où un groupe de trois enfants en bronze supporte une vasque de marbre du Languedoc. Ces groupes, dus à l'invention de Charles Perrault, sont connus sous le nom de *Marmousets*. Nulle part cette enfance que Louis XIV voulait « répandue partout » n'est plus gracieuse, plus joyeuse et plus naturelle.

BASSIN DU DRAGON (26)

Autour du *Bassin du Dragon*, dont les plombs, par les frères Marsy, ont été refaits il y a quelques années, huit autres groupes d'enfants en bronze font suite aux *Marmousets*.

A droite est l'entrée du *Bosquet de l'Arc de Triomphe* (27), d'arrangement tout moderne et où il n'y a à voir que le groupe en plomb restauré de *la France triomphante entre l'Espagne et l'Empire*, par Tubi et Coysevox.

A gauche, celui des *Trois Fontaines* (28), qui attend sa restauration On fait le tour du :

BASSIN DE NEPTUNE (29)

en laissant à sa droite la *grille du Dragon* (30), qui mène dans Versailles par la *rue de la Paroisse.*

Les jeux d'eau de ce magnifique bassin ont ete restaurés en 1889. ainsi que les plombs qui l'ornent.

Les trois groupes qui se trouvent au niveau de l'eau representent :

Cliché de M. Ernest Baillou.

L'ALLÉE DES MARMOUSETS.

celui du milieu, Neptune, dieu de la mer, et son épouse Amphitrite; celui de droite, l'Océan ; celui de gauche, Protée, autre dieu marin. Ces œuvres ont été exécutées sous Louis XV par Adam, Lemoyne et Bouchardon.

Rien de plus grandiose, surtout les jours de Grandes Eaux, que la perspective offerte du fond de ce vaste hémicycle.

Au milieu, sous les arbres, face au groupe de Neptune, la *Renommée écrivant l'Histoire de Louis XIV*, par Domenico Guidi, sur dessin de Lebrun (31). Regagner maintenant le *Parterre d'eau* en achevant de contourner le *Bassin de Neptune* et en prenant l'*Allée des Trois-Fontaines*, parallèle à celle des *Marmousets*. Admirer, au sommet de l'allée, le *Cabinet de Diane* (3), qui fait pendant à celui du *Point du Jour*, avec la délicieuse *Diane*, de Desjardins. Descendre par l'escalier central qui mène au

PARTERRE ET BASSIN DE LATONE (6 et 7)

Le *Parterre de Latone* comprend les deux *Bassins des Lézards* (8) et le *Bassin de Latone*. Le groupe de marbre du *Bassin de Latone* représente la déesse avec ses deux enfants, Apollon et Diane, métamorphosant en grenouilles, lézards et tortues les paysans de Lycie dont elle voulait tirer vengeance.

De chaque côté du parterre descend une rampe ornée d'ifs taillés et de statues. Au bas de ces rampes sont deux belles statues couchées :

Cliché de M. Bourdier

L'ALLÉE DE BACCHUS.

à droite, la *Nymphe à la Coquille*, de Coysevox (copie, l'original est au musée du Louvre) ; à gauche, le *Gladiateur mourant*.

Ne pas descendre encore l'*Allée Royale* (*Tapis Vert*) ; mais prendre le petit chemin oblique au bas de la rampe de gauche, derrière le *Gladiateur mourant*, et voir rapidement

LES ROCAILLES OU LA SALLE DE BAL (57)

Ce bosquet servait de salle de bal lors des fêtes que Louis XIV donnait dans les jardins. Les cascades produisent un curieux effet, lors des Grandes Eaux.

Remarquer les quatre lampadaires de plomb, d'après le dessin de

Lebrun. De l'autre côté de la grande allée que l'on trouve après avoir traversé la *Salle de bal* est le

BOSQUET DE LA REINE (65)

Dessiné sous Louis XVI à la place de l'ancien *Labyrinthe* de Louis XIV, il n'est guère intéressant que pour avoir servi de cadre à la machination de l'affaire du Collier.

Dans la grande allée qui le borde et qui part d'une des portes de

Cliché de M. Davanne.

LE BASSIN D'APOLLON.

l'*Orangerie*, se trouvent le *Bassin de Bacchus* (63) et, plus loin, celui de *Saturne* (62). A gauche est le

JARDIN DU ROI (67)

Le grand bassin devant ce jardin clos de palissades s'appelle le *Miroir*. Le jardin lui-même, dessiné à l'anglaise, n'a été fait et planté qu'en 1817, sous Louis XVIII. Il est remarquable par sa pelouse, ses arbres d'essences variées et ses massifs de fleurs. On sort du jardin par l'unique entrée et l'on revient au *Bassin de Saturne*, d'où l'on rejoint

L'ALLÉE ROYALE OU TAPIS VERT (11)

Cette belle allée, la plus fréquentée du parc, a 335 mètres de long sur 64 de large. Elle est décorée de douze statues et de douze vases de marbre blanc, où se retrouvent les lis et les tournesols, emblèmes du régime du Roi Soleil.

Les statues sont, à gauche, en tournant le dos au Château et en allant vers le *Bassin d'Apollon :* la *Fidélité*, la *Vénus de Richelieu* (par Legros, d'après un antique qui se trouvait au château de Richelieu), le *Faune au Chevreau, Didon sur son bûcher, Amazone* (d'après l'antique), *Achille à Scyros*.

A droite, les statues sont : la *Fourberie, Junon* (statue antique), *Hercule et Télèphe*, la *Vénus de Médicis*, le *berger Cyparisse, Artémise*,

En arrivant du *Jardin du Roi*, la première allée sur la gauche du *Tapis Vert* mène à

LA COLONNADE (59)

Au centre de cette colonnade, construite sur les dessins de Mansart, est un groupe qui représente l'*Enlèvement de Proserpine par Pluton*, le chef-d'œuvre de Girardon.

En sortant, traverser le *Tapis Vert*. Presque en face une courte allée conduit au

BOSQUET DES DOMES (55)

Ce bosquet a été récemment restauré à neuf. Il est orné de belles statues et de trophées d'armes sculptés en bas-relief par Girardon, Guérin et Mazeline. Il tire son nom de deux pavillons surmontés d'un dôme doré qui s'y trouvaient autrefois.

On revient au *Tapis Vert* pour descendre au *Bassin d'Apollon*.

BASSIN D'APOLLON (13)

Il représente le char d'Apollon, dieu du Soleil, que la mythologie grecque montre sortant de l'Océan chaque matin pour venir éclairer la terre, et se replongeant chaque soir dans les flots. On sait que Louis XIV avait pour emblème le Soleil.

A droite de la tête du Canal est une station de bateaux qu'on loue pour la promenade (18).

A l'extrémité du *Tapis Vert* (12), dos au Château, tourner à droite et prendre la 2e allée qui mène au

BOSQUET D'ENCELADE (56)

Le Titan révolté contre Jupiter est représenté au moment où il vient d'être foudroyé ; ses membres géants sont écrasés sous des blocs de rochers.

En continuant à suivre l'allée par laquelle on est venu et en traversant la grande allée que l'on rencontre (*Allée de Flore*) on gagne

L'OBÉLISQUE OU LES CENT TUYAUX (47)

Au milieu d'un vaste bassin, est un massif de roseaux d'où sortent des jets d'eau qui s'élèvent en forme de pyramide ou d'obélisque. On appelle aussi ce bassin la *Gerbe*.

Prendre ensuite la 1re allée à droite, qui aboutit au *Bassin de Flore* (51), remonter l'*Allée de Cérès* (2e à gauche) jusqu'au *Bassin de Cérès* (52), tourner à gauche par l'*Allée de l'Eté*, jusqu'au charmant petit *Bassin des Enfants* (42), et revenir sur ses pas jusqu'à l'entrée du

BOSQUET DES BAINS D'APOLLON (53)

Ce bosquet à l'anglaise, unique dans le parc de Versailles, a été tracé seulement sous Louis XVI, en 1778, par Hubert Robert, sur l'emplacement de l'ancien marais.

Sa grotte abrite l'*Apollon chez Thétis*, de Girardon, qui ornait primitivement la *Grotte de Thétis*, disparue pour faire place au vestibule de la Chapelle.

On quitte ce bosquet par la grille qui donne, à gauche de la Grotte, sur la *Petite Provence*, et l'on sort du Parc, soit par la *Cour du Château*, soit par l'*Hôtel des Réservoirs*, soit par la *Grille du Dragon* (30).

ITINÉRAIRE RÉDUIT

TEMPS MINIMUM : *une heure environ.*
DISTANCE : 3 *kilomètres au plus.*

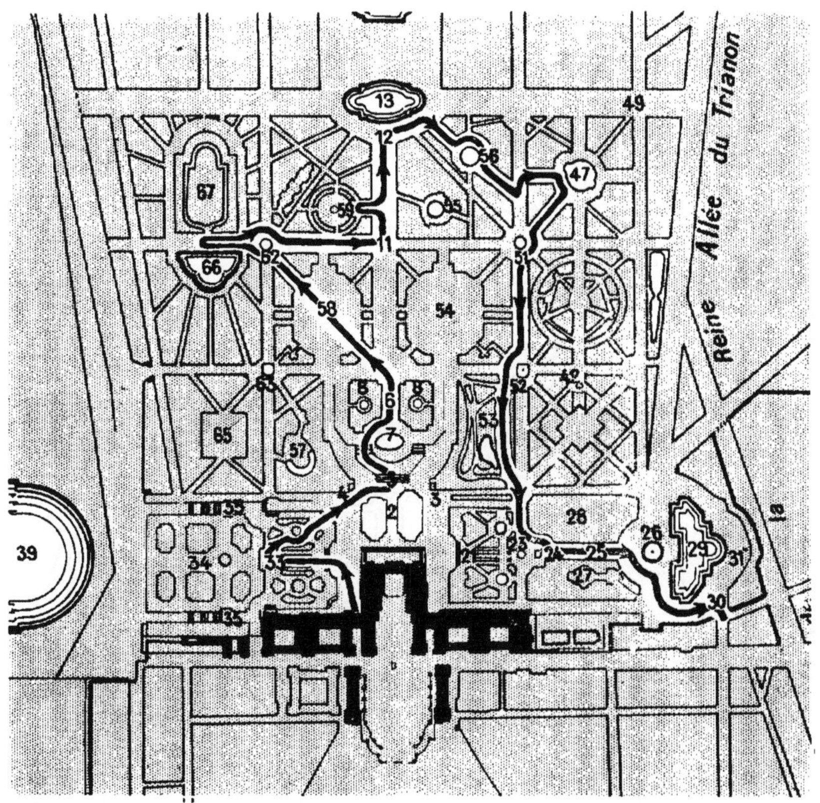

Les visiteurs pressés peuvent se contenter d'une promenade plus courte.

Entrer dans les jardins par la *Cour des Princes*, à gauche de l'aile gauche du Château, voir le *Parterre du Midi* et la *Terrasse de l'Orangerie* (33) ; gagner le *Parterre d'Eau* (2) ; descendre les marches vers le *Parterre de Latone* (5) ; suivre l'*Allée centrale* (6) ; traverser en diagonale le *Quinconce* à gauche (58) en haut du *Tapis Vert*, aller jusqu'à l'entrée du *Jardin du Roi* (67) devant le *Miroir* (66), revenir au *Tapis Vert* (11) par l'*Allée de l'Hiver ;* voir la *Colonnade* (59), le *Bassin d'Apollon* (13), *Encelade* (56), l'*Obélisque* (47), les *Bains d'Apollon* (53), le *Parterre du Nord* (21), l'*Allée des Marmousets* (25), le *Bassin du Dragon* (26), contourner le *Bassin de Neptune* (29) par la droite et sortir par la *Grille du Dragon* (30).

ITINÉRAIRE DES GRANDES EAUX

DISTANCE : 3 *kilomètres environ.*

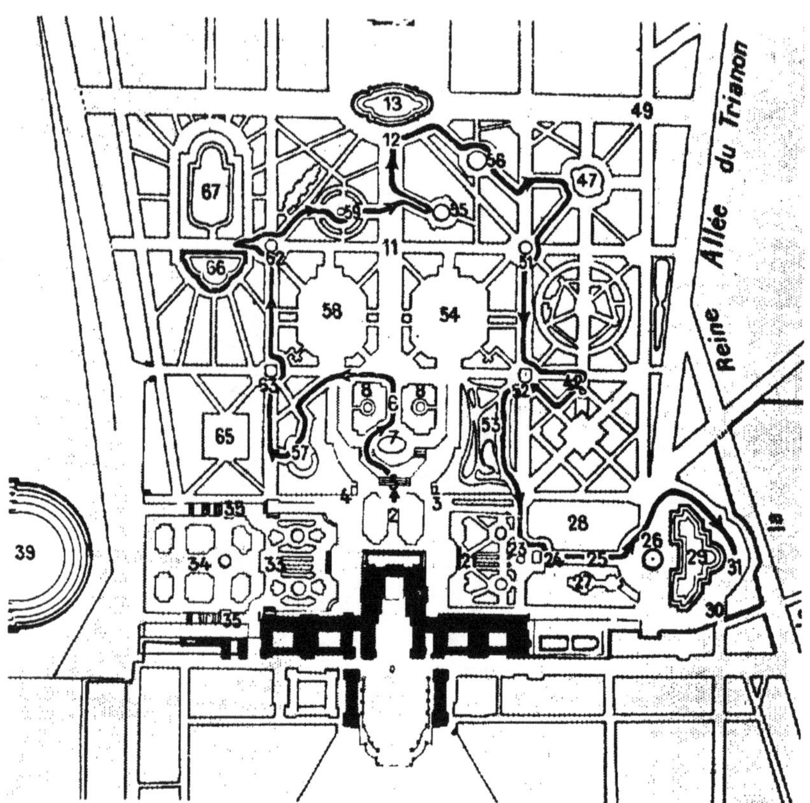

LES Grandes Eaux ne jouant que pendant une demi-heure (16 h. 1/2 à 17 h.), il convient de se hâter si l'on veut ne rien manquer du merveilleux spectacle.

La foule, généralement groupée sur le *Parterre d'eau* (2) et sur les marches du *Grand Escalier* (5), se met en branle dès que les premières gerbes ont jailli. Les initiés suivent l'itinéraire tracé sur notre plan et qui leur fait voir successivement :

Latone (7), les *Rocailles* (57), le *Bassin de Bacchus* (63), le *Bassin de Saturne* (62), le *Miroir* (66), la *Colonnade* (59), le *Bassin des Dômes* (55), le *Bassin d'Apollon* (13), le *Bassin d'Encelade* (56), l'*Obélisque* (47), le *Bassin de Flore* (51), le *Bassin de Cérès* (52), le *Petit Bassin des Enfants* (42) et les *Bains d'Apollon* (53).

On descend ensuite par l'*Allée des Trois Fontaines* ou celle des *Marmousets* (25) pour se placer le plus près possible du centre, dans l'hé-

Cliché de M. Bourdier

LES GRANDES EAUX DE NEPTUNE.

micycle du *Bassin de Neptune* (29), dont la prestigieuse féerie hydraulique se déroule généralement entre 17 h. 1/2 et 17 h. 3/4.

Pour aller aux Trianons

Les *Trianons* sont accessibles :

1° Par le tramway Gare Rive droite-Trianon, qui correspond avec les autres lignes *place du Marché ;*

2° Par voitures de place ;

3° A pied :

A) par le *boulevard de la Reine* et l'*allée de Trianon* qui le continue hors de la grille de Versailles.

DISTANCE DES GARES : *environ* 2 k. 500 et 2 k. 800.

B) par le Parc.

a) *Parterre d'Eau* (2), *Parterre de Latone* (6), *Tapis Vert* (11), droite du *Bassin d'Apollon* (13), *Petite Venise* (18), l'une quelconque des trois premières avenues à droite, celle du milieu étant la plus courte.

Distance du Chateau : 1 k. 700.

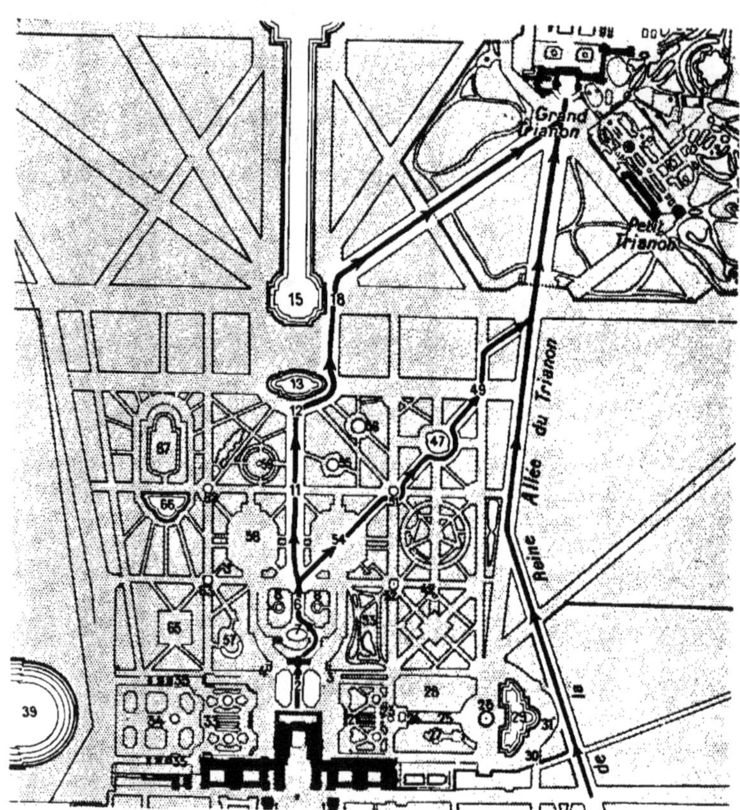

b) *Parterre d'Eau* (2), *Parterre de Latone* (6), le *Quinconce* de droite en haut du *Tapis Vert* (54) dans la diagonale et tout droit par l'*Obélisque* (47) jusqu'à la *sortie du Parc* (49).

Distance du Chateau : 1 k. 600.

Visite du Grand-Trianon

TEMPS NÉCESSAIRE POUR LA VISITE
DES 2 TRIANONS ET DES PARCS :
1 *heure* 1/2 *environ.*

HEURES D'OUVERTURE : *Les Musées de Trianon restent ouverts de façon continue, de* 12 *h. à* 17 *h.* 1/2 *jusqu'au* 1er *avril, et à* 18 *h. d'avril à fin septembre.*

Cliche de M. Ernest Baillou.

LE GRAND TRIANON
(Vu de l'aile nord du Grand Canal.)

PEU après les premiers travaux qu'il avait ordonnés au Versailles primitif, Louis XIV avait fait, pour agrandir son parc, l'acquisition du hameau portant le nom fort ancien de Trianon et des terres dont il était entouré. Il ne tarda pas à y faire bâtir une petite maison de plaisance, qui fut élevée en 1670 et entourée de beaux jardins remplis de fleurs rares. En 1687, Mansart fit la grande construction encore existante. Sous Louis XV, il y eut à Trianon le jardin de Botanique du savant B. de Jussieu.

En 1794, Trianon échappa à la vente dont il était menacé comme propriété nationale et l'on ne vendit que le mobilier. Napoléon songea à restaurer ce domaine, et s'y retira plusieurs fois, notamment après son divorce avec Joséphine (du 16 au 26 décembre 1809). Louis-Philippe fit faire de grands changements dans la distribution des appartements et s'y installa pendant plusieurs étés, à partir de 1836, avec sa famille.

Un acte historique vient de s'y dérouler : la paix avec la Hongrie y a été signée le 4 juin 1920.

On visite par groupes accompagnés ; entrée à gauche dans la *Cour d'Honneur.*

TEMPS NÉCESSAIRE : 20 *minutes environ.*

GRANDS APPARTEMENTS

Le *Salon des Glaces,* pour la décoration duquel on dépensa, sous Louis XIV, 10,500 livres en achat de glaces façon de Venise, a une splendide cheminée en marbre rouge rehaussée de bronze ciselé, de style Louis XVI.

Suivent la *Chambre à coucher de Louis-Philippe* qui fut celle de Louis XIV, le *Cabinet de travail,* l'ancien *Salon de la Chapelle* et le *Vestibule* qui donnait accès à l'appartement du roi sous Louis XIV.

DÉTAIL DU PÉRISTYLE DU GRAND-TRIANON.

PÉRISTYLE

Le péristyle, rétabli aujourd'hui dans sa forme ancienne, est d'une élégante architecture. Napoléon Ier l'avait fait clore par des vitrages. C'est là qu'a siégé le Conseil de guerre chargé de juger le maréchal Bazaine.

GRAND SALON ROND

Ce salon, de belle décoration, a servi de chapelle sous Louis XVI. Il est décoré de tableaux de Monnoyer, Desportes et Blain de Fontenay (vases de fleurs et fruits d'Amérique), et d'un *Faune au chevreau,* bronze d'après l'antique.

SALLE DE BILLARD

Ancien salon de musique sous Louis XIV. Napoléon Ier l'a fait aménager en salle de billard. Les fauteuils et sièges sont en tapisserie de Beauvais (série des *Fables* de La Fontaine).

Dans la boiserie, *Louis XV,* portrait en buste par Vanloo, et *Marie Leczinska,* par Nattier.

GRAND SALON DE LOUIS-PHILIPPE

Il a été décoré de tableaux mythologiques de Séb. Leclerc, Bon Boulogne, Antoine et Noël Coypel, Verdier, Lafosse, etc.

SALON

Il a quatre beaux morceaux du peintre de fleurs Monnoyer, un tableau de Lafosse, *Apollon et Thétis,* et de belles pièces de mobilier.

SALON DES MALACHITES

Le nom lui vient des objets de malachite offerts par le tsar Alexandre Ier à l'empereur Napoléon Ier, après la paix de Tilsitt : ce sont la coupe au milieu du salon, les deux candélabres, les deux armoires et la console. Les autres pièces ont été acquises par le roi Charles X.

PETITS APPARTEMENTS

Ces appartements ont été habités successivement par Mme de Maintenon, par Louis XV, par Stanislas Leczinski, roi de Pologne, par Mme de Pompadour, enfin par Napoléon Ier, qui leur a donné leur aspect actuel.

APPARTEMENT NEUF

Cet appartement occupe l'aile droite de la cour du palais. Il fut, à partir de 1704, l'appartement de Louis XIV, puis celui de Louis XV; en dernier lieu, Louis-Philippe l'avait fait disposer et meubler, en 1846, pour y recevoir la reine d'Angleterre, qui n'y vint pas. Cet ameublement a été conservé.

Gagner le *Petit-Trianon* par l'allée carrossable à gauche en sortant, sur la place qui s'étend devant le *Grand-Trianon.* — Visiter en passant le

MUSÉE DES VOITURES

On trouve le bâtiment qui renferme ce petit musée, à l'entrée de cette allée. Il contient des berlines d'apparat qui datent du premier Empire et de la Restauration, des chaises à porteurs et des traîneaux du XVIIIe siècle.

On signale la *voiture du sacre*, faite en 1825 pour la cérémonie du sacre de Charles X et restaurée en 1856, avec un changement d'attributs, pour le baptême du fils de Napoléon III. Le poids est de 700 kilogrammes.

La *voiture du baptême*, faite en 1821 pour le baptême du duc de Bordeaux, a servi au mariage de Napoléon III.

Visite du Petit-Trianon

On visite par groupes accompagnés; entrée au milieu du bâtiment.

TEMPS NÉCESSAIRE : 15 *minutes environ.*

Le petit château de Trianon a été construit par l'architecte Gabriel à la fin du règne de Louis XV.

Louis XVI donna le *Petit-Trianon* à la reine Marie-Antoinette, qui y fit dessiner un délicieux jardin anglais, ou, comme on disait alors, anglo-chinois. Le *Hameau* célèbre date de la fin du règne.

LES APPARTEMENTS

ESCALIER

Deux merveilles d'art français décorent cet escalier : la rampe en fer forgé et doré où s'enlacent les initiales M. A., placées après coup, et la lanterne de forme ronde, en bronze ciselé et doré, dont le bouquet de douze lumières est supporté par de petits satyres assis.

ANTICHAMBRE

Le mobilier de cette pièce et des suivantes est d'époque Louis XVI : buste de Louis XVI, par Pajou, et de l'empereur Joseph II, frère de Marie-Antoinette, par Boizot. Les tableaux sont de Natoire.

SALLE A MANGER

La décoration des boiseries, antérieure à Marie-Antoinette, est

Cliché de M. L. Crozet.

LE PETIT-TRIANON. (*D'après une estampe.*)

empruntée aux fruits et aux fleurs, au milieu desquels se trouve placé Trianon.

Les appliques ciselées sont de belles œuvres d'art. Le guéridon de stuc, avec carte géographique, a été dessiné par Louis XVI pour l'instruction du Dauphin.

PETIT SALON

C'était le billard de la reine.

Quelques beaux meubles y figurent. Au milieu est une table ovale, à quatre pieds d'acajou décorés de peintures, de bronzes et de médaillons en biscuit.

Le pastel est la copie d'un précieux portrait du Dauphin, plus tard Louis XVII, fait à l'huile, en 1792, par Kucharski.

GRAND SALON

On remarquera les boiseries, où sont sculptées des branches de fleurs de lis, les appliques représentant des cors de chasse réunis par un nœud de rubans, le beau mobilier couvert en gros de Tours et dont les chaises volantes ont le chiffre de la reine. Le piano ne lui a point appartenu.

BOUDOIR

Très fines boiseries aux armes de France et au chiffre de Marie-Antoinette. Le buste de Sèvres représente la reine à dix-huit ans, au début de son règne.

CHAMBRE A COUCHER

Le lit de style Louis XVI est recouvert d'un dessus de lit en gros de Tours, brodé à la main, qui a appartenu authentiquement à Marie-Antoinette. Il en est de même de la pendule, de la table en marqueterie, aux initiales enlacées de Louis XVI et de Marie-Antoinette, et de la commode aux bronzes ciselés par Gouthière.

On sort par un cabinet de toilette, sur le palier de l'escalier.

Visite des Parcs des Trianons

TEMPS NÉCESSAIRE : 1 *heure.* — DISTANCE : 2 *km.* 500 *environ.*

JARDINS DU PETIT-TRIANON ET HAMEAU DE MARIE-ANTOINETTE.

En sortant du petit château, on doit prendre la grille à gauche et l'allée en face de cette grille. On passe devant le *Temple de l'Amour*, charmante construction à coupole, élevée dans l'île d'une des rivières qui serpentent dans tout le jardin. Elle est l'œuvre du sculpteur Deschamps.

En continuant, on arrive au *Hameau*. C'est un ensemble de maisons rustiques, dont les principales sont désignées sous les noms de *Moulin* (à gauche), *Maison du Billard*, *Maison de la Reine*, *Poulailler*, dit sans aucune raison *Presbytère*, *Laiterie* et *Tour de Marlborough*.

On fait le tour du petit lac, pour jouir de la perspective du *Hameau*, et l'on re-

LE TEMPLE DE L'AMOUR.

marque à son extrémité les renflements ligneux des racines de cyprès de la Louisiane. Ces arbres exotiques font partie de ceux qui ornaient les jardins du Petit-Trianon et qui forment encore aujourd'hui une collection assez curieuse.

On continue l'allée qui monte et qui arrive à l'*Orangerie* et au *Jardin des Fleurs*, intéressants l'un et l'autre pour les amateurs.

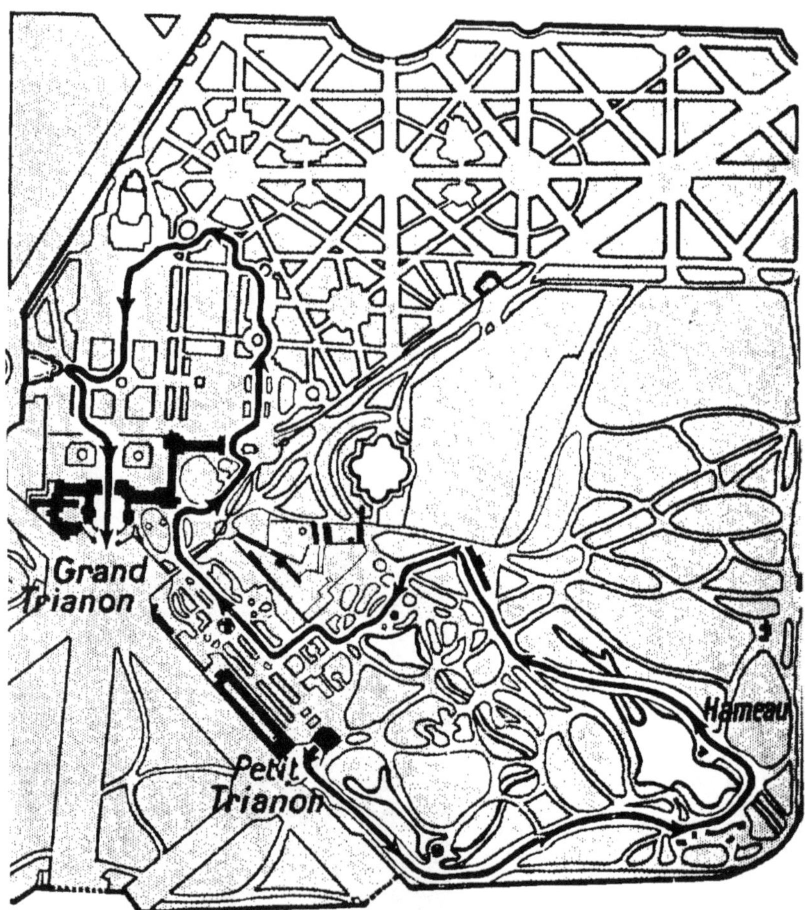

En appuyant sur la gauche, on rencontre un autre lac dominé par le *Belvédère*, construit par Mique, architecte de la reine, auteur des plans définitifs du Petit-Trianon. Le *Rocher* artificiel est pittoresquement dessiné. Derrière le rocher, sont diverses constructions de service. La principale contient la *Salle de Spectacle*, faite pour trois cents spectateurs à peine et où Marie-Antoinette jouait la comédie avec le comte d'Artois et sa société particulière.

Le parterre qui s'étend à l'ouest du Château a la forme d'un jardin à la française. Le pavillon, dit *Pavillon français*, qui en occupe le centre et qui vient d'être restauré, a été construit sous Louis XV, en 1750; il servait alors au roi de salle à manger d'été.

Derrière ce pavillon, un pont moderne permet de quitter le Trianon de Marie-Antoinette et de rentrer dans le Trianon de Louis XIV.

Cliché de M. le Général Joly.

LE MOULIN DE TRIANON.

JARDINS DU GRAND-TRIANON

Ces beaux jardins, qui s'étendent fort loin et sont généralement déserts, méritent une visite. Les eaux jouent alternativement avec les Grandes Eaux de Versailles, le 3e dimanche des mois d'été.

Le plus bel effet d'eau est celui de la *Cascade*, dite aussi le *Buffet*, construction de Mansart, très heureusement restaurée, et qu'il faut voir, même en dehors des Grandes Eaux. On apercevra ses plombs dorés (*Neptune et Amphitrite*), au bout d'une allée, sur la droite, quand on aura dépassé l'angle de Trianon-sous-Bois.

Cliché de M. le Général Joly

UN ASPECT DU HAMEAU DE MARIE-ANTOINETTE.

On se dirigera ensuite par l'allée qui tourne à gauche du *Buffet*, vers un large bassin appelé le *Plafond* et dont la restauration est également toute récente. Puis, remontant vers le palais, on ira jeter un coup d'œil sur la terrasse qui domine le bras du Grand Canal, où la flottille de la Cour amenait souvent autrefois les visiteurs de ces beaux jardins.

Visite express du Château, du Parc et des Trianons

Ce n'est pas trop de plusieurs jours pour bien connaître le Château, le Musée, le Parc et les Trianons. Faut-il en conclure que les visiteurs qui ne disposent que de quelques heures entre deux trains

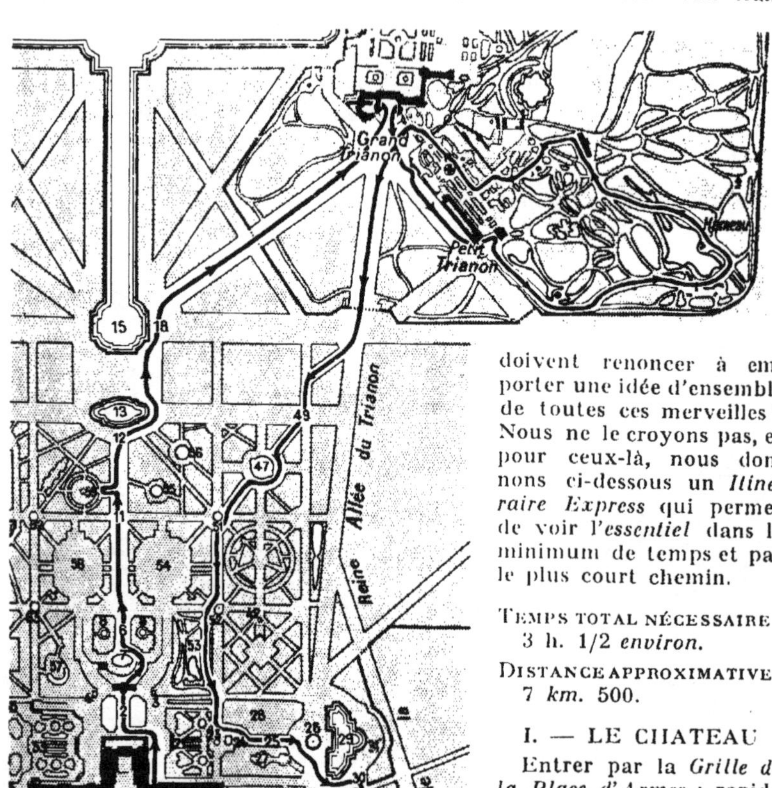

doivent renoncer à emporter une idée d'ensemble de toutes ces merveilles ? Nous ne le croyons pas, et pour ceux-là, nous donnons ci-dessous un *Itinéraire Express* qui permet de voir l'*essentiel* dans le minimum de temps et par le plus court chemin.

TEMPS TOTAL NÉCESSAIRE : 3 h. 1/2 *environ.*

DISTANCE APPROXIMATIVE : 7 *km.* 500.

I. — LE CHATEAU

Entrer par la *Grille de la Place d'Armes ;* rapide coup d'œil à la *Cour de Marbre*, derrière la *statue de Louis XIV ;* se diriger vers la *Cour de la Chapelle ;* entrer au Musée, à droite, sous le péristyle, monter immédiatement au 1er par l'escalier tournant à gauche de la *Porte de la Chapelle* dans le vestibule ; tourner à droite, suivre rapidement la *Galerie de Sculpture* (36) jusqu'aux *Salles de Peinture moderne* (98-99) ; visiter ces salles, puis celle de la *Smalah* (104), de *Constantine* (103), de *Crimée et d'Italie* (102), et revenir à la *Galerie de Sculpture* par les *Salles modernes* (101 et 100) qui terminent le fer à cheval; regagner le *Vestibule haut de la Chapelle* (83), la contempler de la *Tribune royale* et pénétrer, par le *Salon d'Hercule* (105), dans les grands appartements : *Salons de l'Abondance* (106), de *Vénus* (107), de *Diane* (108), de *Mars* 109), de *Mercure* (110), d'*Apollon* (111), *Salon de la Guerre* (112) (voir, par la fenêtre de droite, le *Parterre du Nord* (21) et la perspective de l'*Allée d'eau* (25) avec, au fond, le *Bassin de Neptune*); *Galerie des Glaces* (113) (admirer le panorama des jardins par une des baies centrales) ; par la 1re porte à gauche, pénétrer dans le *Cabinet du Conseil* (125), la *Chambre de Louis XIV* (124) (voir par la fenêtre l'étendue de la *Cour du Château*, de la *Place d'Armes* et des trois grandes avenues qui en rayonnent) ; traverser la salle de l'*Œil de Bœuf* (123), reprendre la *Galerie des Glaces*, vers la gauche ; *Salon de la Paix* (114) (de la fenêtre, vers le sud, contempler l'immensité du *Parterre du Midi* (33), de la *Terrasse de l'Orangerie* (34) et de la *Pièce d'eau des Suisses* (39) jusqu'au *Bois de Satory*) ; poursuivre par la *Chambre de la Reine* (115), le *Grand Cabinet de la Reine* (116), l'*Antichambre* (117), la *Salle des Gardes de la Reine* (118), la *Grande Salle des Gardes* (140) ; jeter un coup d'œil sur l'*Escalier de Marbre* à gauche, gagner par la *Salle de 1792* (165) le palier supérieur de l'*Escalier des Princes*, le traverser, et pénétrer de quelques mètres au moins dans la *Galerie des Batailles* (148) ; descendre l'*Escalier des Princes*, sortir, passer sous le péristyle et rentrer par la petite porte en face pour voir les *Nouvelles Salles du* XVIIIe *siècle* (42 à 55) ; revenir jusqu'au grand *Vestibule* (51) placé sous la *Galerie des Glaces ;* traverser les quelques *Salles de peinture moderne* (30-28) et, très rapidement, par les vestibules encombrés de sculptures funéraires, gagner la sortie en face de l'entrée du Musée (voir *plans*, pp. 30, 33, 40 et 41).

II. — LE PARC (1re partie).

On s'est fait une idée générale de la disposition des jardins des extrémités et du milieu de la *Galerie des Glaces*.

Gagner maintenant le grand *Escalier central* (5) entre les deux bassins du *Parterre d'eau* (2), descendre à *Latone* (7), suivre le *Tapis-Vert* (11), voir à gauche (5e allée) la *Colonnade* (59), en bas le *Bassin d'Apollon* (13), continuer le long et à droite de ce bassin, gagner la grille de sortie du Parc près de l'embarcadère du canotage (18) et se rendre au *Grand-Trianon* par la 2e allée à droite (la 1re après le restaurant).

III. — LES TRIANONS

Visiter le *Grand-Trianon ;* entrer dans la cour à gauche, jeter un coup d'œil sur le parc en passant sous le péristyle, pour gagner la 2e partie du palais, sortir de la grille de la cour, gagner à gauche le *Petit-Trianon* par l'allée qui réunit les deux palais ; visiter le *Petit-Trianon ;* entrer dans le parc par la grille à gauche dans la cour en sortant, suivre tout droit devant soi l'allée qui va au *Temple de l'Amour* et au *Hameau de Marie-Antoinette ;* contourner le lac, suivre tout droit jusqu'à l'*Orangerie*, traverser le *Jardin des Fleurs*, en sortir par la gauche vers le *Belvédère* et le *Rocher ;* tourner à droite dans le *Jardin français*, et regagner la place du *Grand-Trianon* qu'on rejoint par un pont qui relie les deux parcs à l'extrémité du jardin français.

Descendre alors la grande allée qui fait face au Palais du Grand-Trianon, sortir de la grille, traverser le carrefour, prendre l'allée qui oblique à droite et rentrer dans le Parc de Versailles par la grille qui barre cette allée (49).

IV. — LE PARC (2e partie).

Continuer dans la même direction, laissant à gauche l'allée gazonnée qui borde le mur, vers l'*Obélisque* (47) et les *Bassins de Flore* (51) et *de Cérès* (52). Visiter le *Bosquet des Bains d'Apollon* (53), en sortir par le *Parterre du Nord* (21), descendre l'*allée des Marmousets* (25), passer à droite du *Bassin du Dragon* (26), contourner à droite le *Bassin de Neptune* (29) et sortir par la *Grille du Dragon* (30).

Un tramway, au coin de la *rue de la Paroisse* et de la *rue des Réservoirs*, vous remettra à proximité des gares.

LES ENVIRONS DE VERSAILLES

LIEUX HISTORIQUES ET POINTS DE VUE

Le rayon d'action du *Syndicat d'Initiative de Versailles* s'étend sur un territoire merveilleusement fécond en souvenirs historiques du plus émouvant intérêt et en points de vue d'un pittoresque inégalable.

Pour guider le touriste dans son choix, nous lui signalons ici les endroits les plus dignes d'être visités, avec indication des moyens de transport et des routes qui en permettent l'accès.

Nous suggérons ensuite aux amateurs de promenades à pied, à cheval, à bicyclette ou en automobile, des itinéraires et des randonnées de nature à lui faire connaître nos bois, nos étangs, les panoramas et les lieux historiques à une vingtaine de kilomètres autour de la ville (1). Nous conseillons enfin de ne pas quitter la région sans l'avoir « survolée » au moins une fois, et indiquons les moyens pratiques de faire au-dessus de Versailles des promenades aériennes.

I. — LE PARC EXTÉRIEUR

Sous Louis XIV et jusqu'à la Révolution, le *Grand Parc* qui comptait 6 614 hectares et avait 43 800 mètres de tour, était enfermé dans un mur percé de 25 portes, dont quelques-unes, comme celle de Jouy, sont assez bien conservées. Construit en partie par les soldats suisses et achevé en 1685, ce mur renfermait les Gonards, Buc, Guyancourt, Bouviers, Bois d'Arcy, les étangs de Trappes, Saint-Cyr, Fontenay-le-Fleury, Rennemoulin, Noisy-le-Roi, Bailly, traversait la forêt de Marly qu'il séparait du parc de Versailles et s'arrêtait à la porte Saint-Antoine à l'extrémité nord de Trianon.

Le *Grand Parc* fut aliéné pendant la Révolution ; mais ce qui en subsiste, c'est-à-dire les hautes futaies qui entourent le *Grand Canal*, donne une idée de ce que pouvait être cet immense domaine rempli de fermes, de pavillons de chasse, de faisanderies, de remises à gibier.

Le *Grand Canal* en forme de croix, qui dans sa plus grande longueur continue la perspective de l'*Allée Royale* ou *Tapis Vert*, fut creusé en 1668. Son périmètre est de 5 570 mètres ; sa superficie de 23 hect. 13 ; il a 1 669 m. 35 de long, et dans sa partie transversale 1 081 m. 82 ; sa largeur est de 62 m. 36. De grandes fêtes nautiques s'y donnèrent dès l'origine ; la plus fameuse est celle de 1674, à laquelle prirent part des gondoles venues de Venise. Le souvenir de cette fête a été long-

(1) Pour les environs de Versailles, nous recommandons particulièrement la *Carte de Bieuville*, revisée par M. Lelièvre, et éditée par la Librairie Nicolas, 41, rue de la Paroisse. Elle indique toutes les routes cyclables et les plus beaux points de vue.

temps perpétué par la forme de certains esquifs de la flottille du canal et par le nom de *Petite Venise*, que porte encore un groupe de dépendances voisin de l'embarcadère.

Voie d'accès : Itin. péd. n° 2.

II. — ÉCOLE DE SAINT-CYR. — MUSÉE DU SOUVENIR

Les bâtiments qu'occupe l'*École spéciale militaire*, fameuse dans le monde entier, sont les anciens locaux de la *Maison royale de Saint-Louis*, créée par Louis XIV sur la demande de Mme de Maintenon.

Cliché L. Gimpel, communiqué par la Maison Farman.

L'École et la plaine de Saint-Cyr, vue prise à 50 m. en avion Farman.

Ils furent construits par Mansart de 1685 à 1686. Cette maison royale devait recevoir 250 demoiselles nobles et sans fortune. Elle forma 3 660 élèves depuis sa fondation jusqu'à 1792, date de sa suppression.

Les restes de la grande éducatrice reposent dans la chapelle.

C'est Napoléon qui, en 1808, affecta Saint-Cyr à l'*École spéciale militaire*.

Le *Musée du Souvenir*, œuvre de tendre piété de l'archiviste bibliothécaire M. Henry, renferme une touchante collection de reliques de toutes sortes destinée à perpétuer la mémoire d'anciens élèves, officiers morts au champ d'honneur ou parvenus à une haute situation militaire. Il a été inauguré en 1912 par le président de la République et, depuis, s'est enrichi sans cesse.

On visite le *dimanche* et le *mercredi* de chaque semaine, de 13 à 16 heures.

Joli point de vue sur la plaine de Saint-Cyr et les bâtiments de l'École, du haut du plateau qui domine la gare de Saint-Cyr-État. (*Voir* Itin. péd n° 3.)

Voies d'accès :

a) Tramway de Versailles à Saint-Cyr jusqu'au *terminus* pour l'École et le Musée ; jusqu'à la *route de Trappes* seulement pour le point de vue.

b) à pied, ou à bicyclette, par la *route de Saint-Cyr*.

c) à pied par le bord du *Canal* à droite, traverser le champ entre les peupliers et rejoindre la *route de Saint-Cyr* par la 3e allée à gauche de l'*Etoile Royale* et la *Grande Allée de l'Accroissement*.

d) à pied, par le bout du *Canal* à droite ; suivre tout droit entre les peupliers jusqu'à la grille ; en sortir ; suivre à gauche la *route de Saint-Germain à Saint-Cyr*, en traversant le passage à niveau (*Parc d'aviation*).

e) Itin. cycl. nos 1 et 10.

f) Itin. autom. no 1.

III. — JOUY-EN-JOSAS

La *Mairie de Jouy-en-Josas* a été construite sur l'emplacement de la célèbre manufacture d'indiennes, dites « toiles de Jouy », créée par Oberkampf (1738-1815). Il existe un monument à la mémoire de l'industriel dans la cour d'honneur du bâtiment. On peut voir dans l'une des salles un album contenant de nombreux spécimens de toiles anciennes (*tous les jours*, de 2 h. à 4 h., sauf dimanche et lundi).

Du haut du coteau, beau **point de vue** sur la vallée de Bièvres.

Voies d'accès :

a) Chemin de fer de Grande Ceinture de *Versailles-Chantiers* à *Jouy-en-Josas*.

b) à pied, ou à bicyclette, par le *pont Colbert* et la *route de Jouy*.

c) Itin. péd. nos 4 et 5.

d) Itin. cycl. nos 2, 14, 15.

e) Itin. autom. no 6.

IV. — OBSERVATOIRE ET TERRASSE DE MEUDON

L'*Observatoire d'Astronomie physique de Paris* occupe depuis 1876 quelques bâtiments restaurés de l'ancien Château de Meudon, incendié par les Allemands pendant l'armistice en janvier 1871. Construit en 1695 par le Dauphin, fils de Louis XIV, le souvenir en reste associé à cette brillante période de notre histoire ; nombreuses étaient les allées et venues de la Cour de Versailles, à travers la forêt de Meudon. Le Dauphin y mourut en 1711.

L'Observatoire se **visite** le *premier jeudi de chaque mois*. On recommande aux visiteurs de prévenir la Direction de l'Observatoire de leur intention de visiter, la veille au plus tard.

On y accède par la magnifique *Terrasse* de 260 m. de long sur 120 m. de large, construite à grands frais au XVIIe siècle. **Vue** superbe sur Meudon, Val-Fleury, les bois à droite, les Fondations Galliera (orphelinat et maison de retraite pour prêtres âgés), et à gauche sur Paris.

VOIES D'ACCÈS :

a) Chemin de fer électrique de Versailles R. G. à *Meudon-Val-Fleury ;* monter à gauche par la *rue de Paris* et la *rue de Terre-Neuve*.

Reproduction d'une photographie allemande.
LE CHATEAU DE MEUDON BRULÉ PAR LES ALLEMANDS EN 1871.

b) Chemin de fer de Versailles R. G. à *Bellevue* (ligne de Montparnasse), monter à droite par le pont et l'*avenue de Meudon*.

c) Itin. péd. n° 7.

d) Itin. autom. n° 3.

V. — MANUFACTURE ET MUSÉE DE SÈVRES

LA *Manufacture nationale de Sèvres*, dont les porcelaines ont une réputation mondiale, était jadis établie dans les bâtiments occupés aujourd'hui par l'*Ecole normale d'Enseignement secondaire de jeunes filles*, un peu plus haut dans la *Grande-Rue de Sèvres*.

Elle comprend deux parties : le Musée céramique et les Ateliers.

Les collections, qui renferment plus de 15 000 pièces anciennes d'inestimable valeur, se visitent *tous les jours*, excepté le samedi, de 12 h. à 17 h., et le *dimanche*, à partir de 9 h. 30. D'octobre à fin mars, jusqu'à 16 h. seulement.

L'Atelier de démonstration et le Hall des fours sont visibles *tous les jours, sauf le samedi* et *le dimanche* en été, de 14 à 17 h.; en hiver, le *lundi et le jeudi seulement*, de 14 à 16 h. Ces visites sont faites par groupes de vingt-cinq personnes au plus, sous la conduite des gardiens.

VOIES D'ACCÈS :

a) Tramway Versailles-Louvre jusqu'au *pont de Sèvres.*

b) Itin. péd. nº 8.

c) Itin. autom. nº 3.

VI. — LES JARDIES

La *Villa des Jardies,* située au 14 de l'*avenue Gambetta* à Sèvres, est une petite maison d'apparence modeste, successivement illustrée par Balzac, qui en fut propriétaire, et par Gambetta qui y mourut le 31 décembre 1882.

Des souvenirs sont exposés dans les diverses pièces de l'humble résidence que l'on visite en s'adressant à la gardienne. (Pourboire.) Le public est admis **tous les jours**, sauf le mercredi matin et le samedi matin.

Contigu à la villa, le *Monument de Gambetta,* œuvre éloquente du sculpteur Bartholdi, dresse son ensemble de bronze et de marbre dans l'axe de l'*avenue Balzac.* Il renferme le cœur du grand tribun.

VOIES D'ACCÈS :

a) Chemin de fer de Versailles R. D. à Saint-Lazare, jusqu'à *Sèvres-Ville d'Avray ; rue des Jardies, avenue Gambetta.*

b) Itin. péd. nº 8.

c) Itin. cycl. nº 4.

d) Itin. autom. nº 4.

VII. — EMPLACEMENT DU CHATEAU ET PARC DE SAINT-CLOUD

Le *Château de Saint-Cloud,* œuvre de Mansart, a complètement disparu, brûlé par les Allemands en 1870. Ses ruines calcinées furent elles-mêmes rasées en 1893. Mais le visiteur, en contemplant le magnifique panorama qui s'étend à ses pieds sur Longchamp, Boulogne et Paris, songera mélancoliquement à tous les souvenirs du passé qui s'attachent à ce sol : fêtes éclatantes qui s'y donnèrent, depuis Monsieur, frère du roi, jusqu'à l'empereur Napoléon III ; scènes historiques dont il fut le théâtre : assassinat de Henri III, mort d'Henriette d'Angleterre, coup d'État du 18 Brumaire, mariage de Napoléon et de Marie-Louise, capitulation de 1815, départ de Napoléon III pour la fatale guerre de 1870, enfin, cet incendie désastreux qui annihila, avec le somptueux palais, les chef-d'œuvre de Mignard, de Nocret, de Lemoyne, etc.

Le Parc de Saint-Cloud est un magnifique domaine plus vaste que Versailles même, parc extérieur et Trianons compris, 392 hectares ! Il est, à tort, assez négligé des touristes, sauf dans les parties populaires qui avoisinent l'emplacement du Château et les allées basses parallèles à la Seine. On peut s'y promener indéfiniment entre Ville-d'Avray et Saint-Cloud, entre Sèvres et Marnes ou Garches, entre le joli *Jardin du Trocadéro* et la terrasse où s'élevait la *Lanterne de Démosthène*, détruite en 1870. (*Voir* Itin. péd. n° 8.)

Les *Grandes Eaux* y jouent dans les bassins supérieurs au delà des parterres et dans l'allée du bas, qui va de Saint-Cloud à Sèvres. La pièce capitale est la *Grande Cascade*, œuvre de Lepautre, dans sa partie haute, et de Mansart, dans sa partie inférieure.

Les *Grandes Eaux* de Saint-Cloud alternent généralement avec celles

Reproduction d'une photographie allemande.

LE CHATEAU DE SAINT-CLOUD, BRULÉ PAR LES ALLEMANDS EN 1870.

de Versailles, — les 2e *et le* 4e *dimanches* de mai, juin, juillet, août ; — elles *jouent tous les dimanches en septembre.*

VOIES D'ACCÈS :

a) Chemin de fer de Versailles à Saint-Lazare jusqu'à *Sèvres-Ville-d'Avray;* prendre la *rue Riocreux* et l'*avenue Gambetta*, à droite.

b) Le même jusqu'à *Saint-Cloud;* sortir par le souterrain, descendre la *rue Dai ly*, puis à droite, les *rues de la Station, de l'Hospice, Royale, d'Orléans* et l'*avenue du Château.*

c) Tramway Versailles-Louvre jusqu'au *pont de Sèvres.*

d) Itin. péd. n° 8.

e) Itin. cycl. n° 4 (Entrée 0 fr. 50).

f) Itin. autom. n° 4 (Entrée 2 fr.).

On se procure les *cartes d'entrée* au bureau de tabac de Ville-d'Avray, n° 6, *rue de Saint-Cloud* (grande route de Versailles à Saint-Cloud) et dans les bureaux de Sèvres, de Saint-Cloud, de Marnes et de Garches. Elles sont contrôlées par les gardes aux portes du Parc.

VIII. — LA MALMAISON

Le *Château de la Malmaison*, sur la route de Rueil à Marly et Saint-Germain, date de 1798. Il est resté célèbre pour avoir servi de résidence à l'impératrice Joséphine, première femme de Napoléon Ier, qui y attira une société d'élite et y vécut jusqu'à 1814 dans la retraite qu'elle s'était imposée après son divorce.

En 1895, M. Osiris acheta et restaura la propriété, puis l'offrit à

LE CHATEAU DE LA MALMAISON. (*D'après une estampe.*

l'État, qui a réussi à aménager les appartements à peu près comme ils étaient du vivant de l'impératrice, et y a placé une précieuse collection de meubles de style Empire.

Joséphine et sa fille Hortense de Beauharnais reposent dans l'*Eglise de Rueil*, à 2 kilomètres de la Malmaison, dans la direction de Paris. Pour la visite, *s'adresser au sacristain*. (Pourboire.)

Le *Château de la Malmaison* est **visible tous les jours** sauf le lundi, de 10 h. à 12 h. et de 13 h. à 18 h. en été ; de 11 h. à 16 h. du 1er novembre au 31 mars. On vend des notices sur place.

Voies d'accès :

a) Chemin de fer de Versailles R. D. à Saint-Lazare jusqu'à *Puteaux ;* gagner le *Rond-Point des Bergères* par la *rue de la République* et y prendre le tramway à vapeur Étoile-Saint-Germain ou Étoile-Marly jusqu'à destination.

b) Directement, à pied, ou à bicyclette par *le Chesnay, la Celle Saint-Cloud, la Jonchère ;* ou par *Sans-Souci, le Butard, Vaucresson, la Jonchère.*

c) Itin. cycl. n° 6.

d) Itin. autom. n° 3.

IX. — CHATEAU ET MUSÉE DE SAINT-GERMAIN

Le superbe plateau qui domine de 73 m. la rive gauche de la Seine a, de bonne heure, attiré les constructions royales. Sous l'ancienne monarchie, deux châteaux s'y élevaient : le *Vieux Château* et le *Château neuf*.

Ce dernier, commencé par Henri II, achevé par Henri IV, vit naître Louis XIV et mourir Jacques II d'Angleterre. Il fut démoli en 1776 ; il n'en subsiste que le *Pavillon Henri IV*, qui fait partie de l'Hôtel de ce nom.

Les origines du *Vieux Château*, dont on voit encore le donjon, remontent au XIIe siècle ; mais il fut reconstruit sous François Ier, à peu près tel qu'il existe aujourd'hui, par l'architecte Pierre Chambiges. Tour à tour école de cavalerie, caserne, prison militaire, il fut sauvé de la ruine par Napoléon III, qui l'affecta à un très curieux *Musée d'Antiquités nationales*, après en avoir fait commencer la restauration récemment terminée.

On **visite le dimanche** de 10 h. 1/2 à 16 h., le **mardi** et le **jeudi**, de 11 h. 1/2 à à 17 h. en été, à 16 h. en hiver.

La *Salle de l'Age de pierre* a vu se dérouler le 2 juin 1919 la cérémonie de la remise aux plénipotentiaires autrichiens des préliminaires du traité de paix, et le 10 septembre, celle de la signature de la paix avec l'Autriche. La délégation autrichienne fut logée en partie au *Pavillon Henri IV*, le célèbre hôtel où Dumas père écrivit *les Mousquetaires* et *Monte-Cristo*, où Thiers mourut en 1877, et qui possède encore le salon historique où fut ondoyé Louis XIV.

La chapelle du Château, ou *Chapelle Saint-Louis*, date de 1240 environ ; elle a été restaurée de 1868 à 1877.

Ne pas manquer d'aller admirer le **splendide panorama** que l'on découvre du haut de la *Terrasse*, construite par Le Nôtre en 1672 (2 400 m. de long).

Dans la forêt, la *Maison des Loges* est une succursale de la *Maison de Saint-Denis*, consacrée à l'éducation des filles des membres, surtout militaires, de la Légion d'honneur. On ne visite que sur autorisation délivrée par le grand-chancelier.

La *Fête des Loges* (1er dimanche de septembre et jours suivants) est l'une des plus populaires des environs de Paris.

VOIES D'ACCÈS :

a) Chemin de fer de Grande-Ceinture de *Versailles-Chantiers* à *Saint-Germain Grande Ceinture* (omnibus), ou *Saint-Germain-Ville*, si la navette correspond.

b) Chemin de fer de Versailles R. D. à Saint-Lazare jusqu'à *Puteaux* ; gagner le *Rond-Point des Bergères* par la *rue de la République*, et prendre le tramway à vapeur Étoile-Saint-Germain.

c) Directement à bicyclette soit par *Rocquencourt*, *Louveciennes* et *Port-Marly* ; soit par *Rocquencourt*, la *Porte de Maintenon*, le *Trou d'Enfer* et *Marly-le-Roi*.

d) Itin. cycl. n°s 17 et 18.

e) Itin. autom. n° 1.

X. — EMPLACEMENT DU CHATEAU DE MARLY

(La Machine. — Louveciennes)

Du gracieux *Château de Marly*, l'une des plus coûteuses fantaisies de Louis XIV, et de ses douze pavillons, il ne reste plus guère que le mélancolique souvenir. En entrant dans l'enceinte du parc du côté

LE CHATEAU DE MARLY SOUS LOUIS XIV. *D'après une estampe*.

de Marly, on passe devant la ferme, et l'on arrive aux prairies où l'on voit encore trace des quatre parterres des jardins primitifs qui descendent en échelons vers l'*Abreuvoir*, encore existant, où se rassemblaient les eaux des bassins. Sur les socles à droite et à gauche de l'abreuvoir caracolaient jadis les Chevaux de pierre, chef-d'œuvre de Coustou, qui décorent depuis 1794 l'entrée des Champs-Élysées à Paris.

Le *tramway de Marly-Etoile* dépose les visiteurs devant la fameuse *Machine*. Destinée, lors de sa construction (1681-1687), à élever les eaux de la Seine et à les refouler jusqu'à Versailles pour l'alimentation des fontaines du Parc, elle a été reconstruite de 1855 à 1859. Ses six roues de 12 m. de diamètre, aspirent et déversent dans des réservoirs, creusés sur le plateau de Louveciennes, l'eau potable de la nappe souterraine de Croissy.

Pour visiter, s'adresser sur place à l'Inspecteur chef de section de *la Machine de Marly*.

Le vaste *aqueduc de Louveciennes*, qui s'aperçoit de tout le voisinage et donne au paysage un aspect de campagne romaine, a été construit sous Louis XIV ; il conduisait à Versailles les eaux puisées en Seine par la machine.

Voies d'accès :

a) Chemin de fer de Grande Ceinture de *Versailles-Chantiers à Marly*.

b) Chemin de fer de Versailles R. D. à Saint-Lazare jusqu'à *Puteaux* ; gagner le *Rond-Point des Bergères* par la *rue de la République* et y prendre le tramway à vapeur Étoile-Marly.

c) Directement à bicyclette par *Rocquencourt*, *Louveciennes*, *Marly*, *Port-Marly*, *la Machine*.

d) Itin. cycl. nos 7 et 8.

e) Itin. autom. nos 1 et 2.

XI. — CHATEAU DE WIDEVILLE

Des nombreuses résidences seigneuriales qui avaient surgi dans le voisinage de la Cour, l'une des mieux conservées est le *Château de Wideville*.

Il fut élevé entre les villages de Davron et Crespières, sur l'emplacecement d'une ancienne forteresse, par Claude de Bullion. Ce riche courtisan voulait plaire à Louis XIII en construisant une résidence où le roi pût se reposer quelquefois au cours de ses chasses dans les forêts avoisinantes. Le *Château de Wideville* est resté jusqu'à nos jours la propriété des descendants de son fondateur. On cite parmi leur nombre Mme de la Vallière, les duchesses de Chastillon, d'Uzès et de Tarente, dont les monuments funéraires se trouvent dans la chapelle.

La construction, de pierre et de briques, se recommande surtout par la décoration intérieure. Remarquer les vitraux anciens, les peintures de Simon Vouët, les admirables cheminées Renaissance provenant de l'ancien château-forteresse, et la *Chambre* où, dit-on, Louis XIII passa la nuit du 23 janvier 1634.

Dans le parc, voir l'*Orangerie*, la *Chapelle* et la *Nymphée* dans le style italien, que les Médicis avaient mis à la mode.

On visitera les *lundi* et *jeudi* de 3 h. à 6 h. (à partir de 1921). S'adresser au concierge.

Voies d'accès :

a) Chemin de fer de Versailles à Maule, du *Carrefour du Chesnay* à *Feucherolles* ; puis à pied par *Davron* (4 kil.).

b) Itin. cycl. no 10.

c) Itin. autom. no 2.

XII. — CHATEAU ET ÉCOLE DE GRIGNON

Le *Château de Grignon* date de la première moitié du XVIIe siècle. Il fut construit sur un antique domaine, dont, entre autres, Anne de Pisseleu et Diane de Poitiers avaient été propriétaires, par le président Pompone de Bellièvre, gendre de l'opulent seigneur de Wideville, Claude de Bullion. Après la Révolution, il passa aux mains de M. Auguié, père d' « Églé » dont l'union avec le général Ney, favorisée par Mme Campan, sa tante, Hortense de Beauharnais et l'impératrice Joséphine, y fut célébrée en août 1802 « en une des plus jolies fêtes qu'Isabey ait pu inventer ». Napoléon chassa à Grignon en 1809, alors que le maréchal Bessières en était possesseur.

En 1826, Charles X achetait le domaine, et l'année suivante le cédait à une société anonyme pour y fonder l'*Institution royale agronomique*. Le domaine se composait alors de 467 hectares. Aug. Bella en fut le premier et célèbre directeur. Son école, universellement connue sous le nom d'*Ecole nationale d'Agriculture de Grignon*, a formé, depuis sa fondation, plus de 3 000 élèves. Une bonne moitié de ces jeunes gens sont sortis pourvus du diplôme d'ingénieur agricole. La superficie actuelle est de 323 hectares, dont 291 clos de murs.

Deux grands centres de rééducation de soldats mutilés ont été abrités dans les bâtiments et les dépendances de l'École pendant la durée de la guerre.

On **visite tous les jours** de 10 h. à 11 h. 1/2 et de 14 à 16 h. ; les touristes en caravane sont admis à toute heure ; un surveillant est mis à leur disposition.

VOIES D'ACCÈS :

a) Chemin de fer de Versailles-Chantiers à Plaisir-Grignon (lignes de *Mantes* et de *Granville*), puis omnibus.
b) Itin. cycl. n° 10.
c) Itin. autom. n° 2.

XIII. — CHATEAU DE PONTCHARTRAIN

IL est regrettable que cette magnifique résidence ne soit pas ouverte aux visiteurs. On ne peut qu'en admirer les élégantes proportions, la pièce d'eau et le parc, du haut de la grande voie qui descend vers lui, après s'être détachée de la route de Versailles à Neauphle-le-Château.

Il date du XVIIe siècle et fut bâti par Paul Phélypeaux, secrétaire d'État.

VOIES D'ACCÈS :

a) Chemin de fer de Versailles-Chantiers à Villiers-Neauphle (ligne de *Dreux*) ; omnibus.
b) Itin. cycl. n° 11.
c) Itin. autom. n° 5.

XIV. — MONTFORT-L'AMAURY

MONTFORT-L'AMAURY présente cette particularité d'avoir été la capitale du comté de Montfort et d'être resté de 1294 à 1552 rattaché à la Bretagne, dont les Montfort furent la dernière dynastie ducale. Les sociétés bretonnes de Paris y célèbrent chaque année le *Pardon d'Anne de Bretagne*.

Il faut visiter l'*Eglise*, les ruines du *Château*, et l'ancien *Charnier*. Des notices bien faites sont vendues sur place chez les libraires de la *rue de Paris*.

L'*Eglise*, bel édifice de la Renaissance, a été commencée sous Louis XII, aux frais d'Anne de Bretagne, et achevée au XVIIe siècle seulement ; la façade et l'étage supérieur de la nef sont du milieu du XIXe siècle ; beaux vitraux des XVIe et XVIIe siècles.

Les ruines du *Château* sont peu importantes ; il n'en subsiste guère que la poterne ou *Porte Bardou* (XVIe s.) et une tourelle gothique d'escalier (fin du XVe) du haut de laquelle on découvre un **horizon magnifique**. S'adresser à la maison à droite après la *Porte Bardou*.

Ne pas manquer, en descendant, de visiter, au bout de la *rue Amaury*, à gauche, l'ancien *Charnier*, entouré de trois côtés d'arcades des XVIe et XVIIe siècles et de galeries de cloître.

VOIES D'ACCÈS :

a) Chemin de fer de Versailles-Chantiers à Montfort-Méré (ligne de *Dreux*) ; omnibus.
b) Itin. cycl. n° 11.
c) Itin. autom. n° 5.

XV. — PORT ROYAL-DES-CHAMPS

Rien de plus mélancolique que le repli de cet ombreux vallon où les sœurs et les solitaires de Port-Royal passèrent au XVIIe siècle leurs austères existences. L'*Abbaye*, fondée en 1204, n'avait été occupée jusqu'en 1625 que par des religieuses. La grande supérieure, Angélique Arnauld, transféra pour un temps son couvent au *Faubourg Saint-Jacques*, à Paris, puis revint à Port-Royal, où elle établit dans toute sa rigueur la règle de Jansenius, tout en assurant à son institution une vogue considérable pour l'éducation des jeunes filles. Cependant un certain nombre de laïques, décidés, eux aussi, à vivre selon les principes jansénistes, étaient admis à loger dans les dépendances de l'Abbaye (la *Maison des Granges*, l'une d'elles, est encore existante). Les Le Maître, les Arnauld, Nicole, Lancelot sont les plus célèbres de ces cénobites éducateurs; les noms de Jean Racine, leur élève, et de Blaise Pascal, leur spirituel et formidable défenseur contre les jésuites, sont liés, comme les leurs, à celui de *Port-Royal-des-Champs*.

On sait à la suite de quelles querelles et de quelles persécutions les religieuses furent expulsées et le monastère rasé par arrêt du Conseil en 1709. La destruction fut implacable, les morts même furent dispersés.

De la *route de Versailles à Dampierre* on gagne les émouvantes ruines par un sentier à droite qui aboutit d'abord au mur d'enceinte de la propriété ; on franchit la porte, le sentier tourne à droite à l'intérieur du mur ; il coupe les champs et mène à une barrière blanche; bientôt on arrive à la grille de la maison du garde ; sonner.

On visite l'emplacement du cloître, les restes de l'*Eglise* et l'*Oratoire-Musée* rebâti en 1891 de 9 h. à 17 h. en été et de 10 h. à 16 h. du 1er novembre au 1er avril.

Une excellente notice historique par A. Gazier se vend sur place.

Les Granges, qui contiennent encore la chambre du grand Arnauld, sont maintenant propriété privée et ne se visitent pas.

Voies d'accès :

a) Service automobile de *Versailles* à *Magny-les-Hameaux* (*voir p.* 139).

b) Chemin de fer de Versailles-Chantiers à Trappes, *puis à pied*,

1° **par le Manet**. Traverser la voie au passage à niveau, prendre droit devant soi la *route de Voisins-le-Bretonneux*, — puis le premier chemin à droite vers le *Manet ;* — après le château, tourner à gauche et suivre le chemin nouveau jusqu'à la *route de Versailles à Dampierre* qu'on descendra à droite jusqu'au sentier de Port-Royal (5 kilom.).

2e **par le bois de Trappes**. Traverser la voie au passage à niveau; — tourner immédiatement à droite et suivre la ligne le long de la haie jusqu'au deuxième sentier à gauche. — Suivre tout droit cet étroit passage à travers champs ; il coupe, à 800 m. environ, un vaste verger, puis encore un champ et touche enfin l'angle du bois; — il tourne alors à gauche en suivant la lisière jusqu'à une barrière ouverte ; — on n'a plus qu'à en suivre les méandres jusqu'à l'autre extrémité du bois : de place en place, un écriteau avertit qu'on est dans le bon chemin : — à la sortie, suivre la lisière : au mur de clôture des *Granges*, descendre à droite jusqu'au mur d'enceinte de la propriété de Port-Royal, le contourner à gauche jusqu'au sentier qui vient de la *route de Dampierre ;* — tourner à droite (4 km. 500).

c) Directement à bicyclette, par le *Camp de Satory, la Minière, Voisins-le-Bretonneux*.

d) Même route en automobile.

e) Itin. cycl. n° 12.

f) Itin. autom. n° 6.

XVI. — CHATEAU DE DAMPIERRE. — ABBAYE DES VAUX-DE-CERNAY

Bati au xvie siècle par le cardinal de Lorraine, complètement remanié au xviie par Hardouin-Mansart, restauré par Duban en 1841, le *Château de Dampierre* est un magnifique édifice de briques et de

Cliché de M. C. Touranchet

RUINES DE L'ABBAYE DES VAUX-DE-CERNAY.

pierre, au centre d'un parc immense et merveilleusement entretenu.

M. le duc de Luynes autorise la **visite** du Château et du Parc le VENDREDI de chaque semaine, *sur demande* adressée à lui-même et sur autorisation signée de lui.

Parmi les richesses et les curiosités entassées entre ces murs historiques, citons le *Musée d'Histoire naturelle*, la *Bibliothèque* qui contient d'inestimables recueils de documents de l'époque de Louis XIV, la *Galerie de l'Age d'or*, dont les fresques inachevées sont dues au pinceau d'Ingres, la *Statue de Minerve*, en ivoire et argent doré, de Simart, qui inspira à Renan sa célèbre *Prière sur l'Acropole*, la statue en argent de *Louis XIII adolescent*, par Rude, etc., etc.

Le parc de 369 hectares, primitivement dessiné par Le Nôtre, comprend de vastes pièces d'eau, alimentées par l'Yvette, et de superbes futaies.

Après avoir vu les *Cascades ou Bouillons de Cernay*, on se rendra à *l'Abbaye des Vaux*. On visite *sur demande écrite* adressée à M. le baron Henri de Rothschild. Le concierge accompagne les visiteurs ; il a l'ordre de n'accepter aucune rémunération.

Fondée en 1118 par des moines de la congrégation de Savigny, sur un domaine offert par Simon, seigneur de Neauphle-le-Château, réunie peu après à l'ordre de Cîteaux, l'Abbaye ne tarda pas à connaître la prospérité sous d'illustres abbés comme Gui, l'organisateur avec Simon de Montfort de la croisade contre les Albigeois, et saint Thibault de Marly, qui construisit l'*Église*, aujourd'hui en ruines, dans le style bourguignon cher aux Cisterciens : on peut encore en apprécier la grande simplicité. Le monastère se complétait de deux grands corps parallèles : l'un, qu'occupaient le logis du Prieur et celui des Convers, a été restauré et sert maintenant d'habitation ; l'autre, qui abritait la salle capitulaire et le dortoir, a disparu en grande partie ; il n'en subsiste que 14 travées d'une intéressante salle basse, en voûtes sur croisées d'ogives, avec colonnes au milieu.

Les guerres farouches du XVe siècle, et le régime des abbés commendataires, au nombre desquels, parmi quelques dignitaires ecclésiastiques, on cite le poète Philippe Desportes et le roi de Pologne Jean-Casimir, marquèrent la décadence de l'*Abbaye* qui ne comptait plus que douze pauvres moines au moment de sa suppression en 1791. Tout ce qui restait des bâtiments délabrés a été sauvé et restauré avec beaucoup de goût par Mme Nathaniel de Rothschild et son petit-fils le baron Henri.

Voir, en plus de l'Église et sa « rose » délicate, la *Salle basse du Dortoir*, la *Fontaine de Saint-Thibault*, entourée d'un charmant édicule Renaissance, reste d'une des galeries du cloître, la *galerie des Apôtres*, bâtie sans doute sous François Ier dans un style qui tranchait sur l'austérité de l'antique maison, les ruines du *Colombier*, et la curieuse cave creusée sous la colline du *Bois des Maréchaux*.

Depuis 1919, la visite complète du domaine devrait comprendre celle des cinq fermes modèles où M. de Rothschild vient d'établir les divers services de son *Institut de zootechnie*, où un personnel expérimenté procède à la sélection scientifique des races d'oiseaux de basse-cour, de bovins, d'ovidés et de porcins, en vue d'obtenir les plus purs spécimens pour la vente et la reproduction.

VOIES D'ACCÈS :

a) Service automobile de *Magny-les-Hameaux* jusqu'à *Port-Royal* (*voir p. 139*) ; à pied, ensuite, par la *route de Dampierre* (4 kilomètres jusqu'à Dampierre).

b) Directement à bicyclette, ou en automobile, par *Satory*, *la Minière*, *Guyancourt*, *Voisins-le-Bretonneux*, *Port-Royal*, *Dampierre*.

c) Itin. cycl. no 13.

d) Itin. autom. no 6.

XVII. — CHEVREUSE

CHEVREUSE s'élève sur les bords de l'Yvette, dans une des plus charmantes vallées des environs de Versailles.

Il faut y visiter les ruines du *Château de la Madeleine*, bâti sur le bord d'un plateau qui domine de plus de 80 m. la ville et la vallée. Le château, qui date des XIIe et XVe siècles, servit de résidence sous Louis XIII à la célèbre « frondeuse », Marie de Rohan, duchesse de Chevreuse.

On visite tous les jours.

Très beau point de vue. Dans le jardin, puits de 85 m. de profondeur.

L'*Eglise* a des parties des XIIe, XIVe et XVe siècles. Dans la ville, quelques maisons de la Renaissance.

VOIES D'ACCÈS :

a) Service automobile de *Magny-les-Hameaux* jusqu'à *Port-Royal* (*voir p.* 139), puis à pied par *Milon-la-Chapelle* (4 kil. environ).

b) Service automobile de *Châteaufort* (*voir p.* 139), puis à pied par Saint-*Rémy* (5 kil. 1/2 environ).

c) Directement, à bicyclette ou en automobile par *Buc*, *Toussus-le-Noble*, *Châteaufort*, *Saint-Rémy*.

d) Itin. cycl. n°s 12 et 13.

e) Itin. autom. n° 6.

XVIII. — PARC DE SCEAUX. — ROBINSON

LE *Château de Sceaux*, aujourd'hui disparu, fut intimement lié à la splendeur du règne de Louis XIV.

Colbert le fit construire par Perrault en 1670 sur l'emplacement d'une construction plus ancienne et l'entoura d'un parc dessiné par Le Nôtre, tandis que Le Brun, Puget, Girardon exécutaient les décorations intérieures et extérieures.

En 1700, le château fut acquis par le duc du Maine, bâtard légitimé de Louis XIV, et sa femme, petite-fille du Grand Condé, y tint une véritable cour. Voltaire y eut un appartement. Mis sous séquestre à la Convention, le *Château de Sceaux* fut vendu en 1798. Le duc de Trévise le fit abattre pour reconstruire le nouveau ; le parc fut mutilé. Il ne reste maintenant des jardins de Le Nôtre, en dehors de la propriété de Trévise, que les charmilles, allées et quinconces, ouverts au public sous le nom de *Parc de Sceaux*.

Sceaux est relié à *Robinson* par une route qui monte jusqu'à la ferme de *Malabry* et au *bois de Verrières*. Éviter la foule du dimanche, sur cette voie bordée de guinguettes et d'arbres de Robinson ; monter jusqu'en haut de la *rue de Malabry* et contempler l'horizon qui s'étend à perte de vue sur la *vallée de la Seine*.

VOIES D'ACCÈS :

a) Par Paris, et Ligne de Limours, à la *gare du Luxembourg* ou à celle de *Port-Royal*, jusqu'à *Sceaux*.

b) Directement, à bicyclette ou en automobile, par le *Pont Colbert*, *Villacoublay*, *le Petit-Bicêtre*, la ferme de *Malabry* et la *route de Robinson*.

c) Itin. cycl. n° 15.

d) Itin. autom. n° 7.

XIX. — BOURG-LA-REINE. — ROSERAIE DE L'HAY

LA gracieuse commune de Bourg-la-Reine qui rappelle aux historiens la jeunesse de Camille Desmoulins et la fin dramatique de Condorcet (*Maison d'arrêt*, *Grande Rue*, 49), possède dans son voisinage, à 1 500 mètres environ, la plus poétique et la plus instructive des *Roseraies*. Elle a été créée par M. J. Gravereaux, vers 1892, et n'a pas cessé depuis de s'embellir et de s'accroître. Il faut vivre une heure le rêve de féerie qu'inspire ce décor de « fêtes galantes », avec son *Temple de Vénus*, son *Temple de l'Amour* et son *Théâtre de la Rose*. Il faut surtout se rendre compte du puissant effort scientifique que représentent l'identification et le classement méthodique d'environ 8 000 types différents du genre Rosa.

Un petit *Musée de la Rose* qui réunit une nombreuse collection de documents inspirés par la Reine des Fleurs (poésies, contes, tableaux, gravures, étoffes, papiers peints, porcelaines, bibelots, etc.), complète cet ensemble.

La *Roseraie de l'Hay* est une roseraie d'amateur, il ne s'y fait aucun commerce, mais elle a eu une influence considérable et contribué au goût si vif en France pour la rose et les roseraies. C'est M. J. Gravereaux qui a composé et offert à la Ville de Paris la collection de la *Roseraie de Bagatelle* ; c'est lui qui a reconstitué et remis à la *Malmaison* la collection de roses autrefois réunie par l'impératrice Joséphine.

M. Gravereaux est mort en 1916 ; mais Mme Gravereaux et son fils continuent son œuvre avec un pieux respect et une compétence éclairée.

On peut visiter certains jours de l'année, au moment de la floraison, au mois de juin généralement ; adresser une *demande écrite*.

VOIES D'ACCÈS :

a) Par Paris, et Ligne de Limours, à la *gare du Luxembourg* ou à celle de *Port-Royal*, jusqu'à *Bourg-la-Reine*.
b) Par la ligne de la Grande Ceinture, de *Versailles-Chantiers* à *Bourg-la-Reine* avec correspondance à *Massy-Palaiseau*.
c) Itin. cycl. nº 15.
d) Itin. autom. nº 7.

XX. — JUVISY-SUR-ORGE

BIEN que situé un peu en dehors du rayon d'action du Syndicat d'Initiative de Versailles, Juvisy se rattache à notre région par le souvenir de Louis XIV qui avait étudié le site pour y construire un château, dont Le Nôtre avait déjà tracé le parc, — et qui rendit plus tard une visite solennelle au propriétaire du lieu.

Dans l'*Eglise*, que l'on gagne par l'avenue de l'Hôtel-de-Ville, il reste des vestiges de sculpture du XIIIe siècle (maître-autel et fonts baptismaux). Au sortir de l'église, visiter l'*Hôtel de Ville ;* c'est l'ancien château des ducs de Montessuy. La *salle des Fêtes*, avec ses vastes dimensions, ses boiseries et ses fresques à couleurs vives, est intéressante ; dans les salons voisins, d'autres fresques, attribuées à Lesueur. A l'aile gauche, *pavillon en rocailles ;* à droite, *pavillon Empire* de décoration très pure.

Le parc a été en partie vendu par lots. Il subsiste encore des travaux de Le Nôtre une *terrasse* établie à mi-hauteur du coteau et où l'on accède par deux rampes en fer à cheval.

De la terrasse, vue magnifique sur les vallées de l'Orge et de la Seine.

On ne quittera pas la région sans avoir vu les *Belles Fontaines*, sur le double pont, datant de 1728, par lequel la *route de Fontainebleau* franchit la rivière. Les deux groupes sculpturaux sont attribués à Coustou jeune.

Il faut aussi monter jusqu'à l'*Observatoire*, fondé en 1882 par C. Flammarion au hameau dit *La Cour de France* ou *Fromenteau* dans le petit château où Napoléon apprit le 30 mars 1814 la capitulation de Paris. Splendide panorama.

VOIES D'ACCÈS :

a) Ligne de Grande Ceinture, de *Versailles-Chantiers* à *Juvisy*.
b) Itin. autom. nº 7.

PROMENADES A PIED

Nos itinéraires pédestres sont combinés de manière à éviter, dans la mesure du possible, les montées trop longues ou trop pénibles. Partant, pour la plupart, du sommet des coteaux, elles aboutissent au fond des vallées, où l'on trouve un moyen de transport pour rentrer à Versailles.

1. — Promenades dans le Parc et les Trianons.

En dehors des itinéraires tracés pour la visite méthodique du Parc et des Trianons, il est évident que de charmantes promenades peuvent se faire au hasard de l'inspiration sous les hautes voûtes de verdure et dans les bosquets à gauche et à droite de l'*Allée Royale* jusqu'aux allées latérales gazonnées qui bordent au sud la *route de Saint-Cyr*, au nord celle de *Trianon.*

L'enceinte des Trianons n'est pas moins fertile en recoins délicieux. Y entrer par le *Péristyle du Grand-Trianon*, voir à gauche la perspective sur l'aile du *Canal*, suivre le mur d'enceinte (il n'y a pas de sortie, les échappées sur la campagne environnante sont ménagées par des brèches dans le mur au-dessus de sauts de loup) ; passer du Grand dans le Petit-Trianon, et errer au gré de sa fantaisie dans ces vastes étendues silencieuses, en admirant la variété des aspects et de la végétation. Retour par le *Hameau* et la grille du Petit ou du Grand-Trianon.

2. — Le tour du Canal.

7 kilomètres environ.

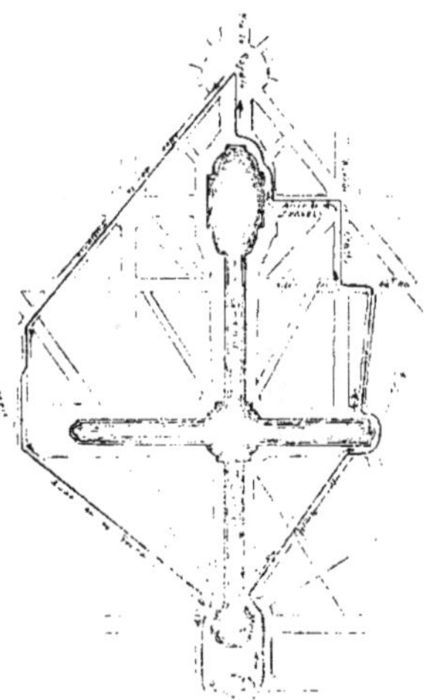

L'extrémité de l'aile droite soit par la *route de Trianon* et l'allée qui la prolonge à gauche du Palais, soit en partant de la Flottille, par la 3e allée à droite qui oblique directement. Au bout de cette aile, laissant à gauche le canal, à droite la grande *Allée de Bailly*, entrer sous bois par le sentier en face ; le suivre jusqu'à l'allée qui lui est perpendiculaire ; tourner à gauche, prendre la première allée à droite ; la suivre jusqu'au Rond-Point ; gagner par la 2e allée à gauche et le bord du canal le champ qui s'étend à son extrémité entre les peupliers ; un chemin le traverse ; du milieu, admirer la perspective des jardins et du Château. Revenir de l'autre côté, en suivant les allées qui longent le canal, ou encore par l'*Allée de la Tuilerie*, belle route qui part du milieu de l'*Etoile Royale* et se dirige vers la *Ferme de la Ménagerie.* Suivre extérieurement le mur de cette ferme ; le chemin passe, au bout de la branche Sud du canal, entre les restes et sur l'emplacement de la *Ménagerie*, détruite à la Révolution. C'était jadis une des plus 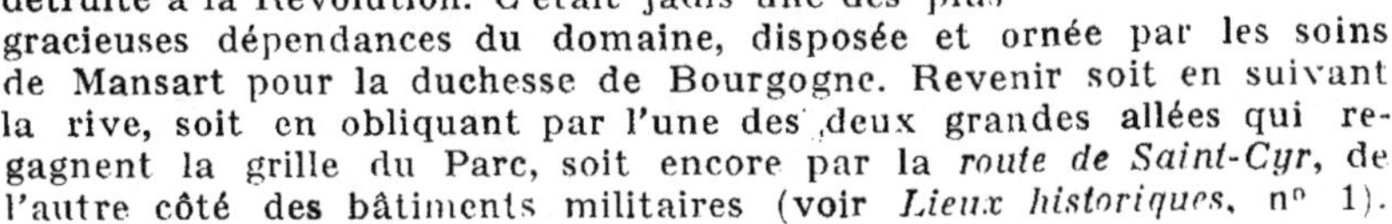 gracieuses dépendances du domaine, disposée et ornée par les soins de Mansart pour la duchesse de Bourgogne. Revenir soit en suivant la rive, soit en obliquant par l'une des deux grandes allées qui regagnent la grille du Parc, soit encore par la *route de Saint-Cyr*, de l'autre côté des bâtiments militaires (voir *Lieux historiques*, n° 1).

3. — Saint-Cyr. — Haute Vallée de la Bièvre.

8 kilomètres 500 environ.

Prendre devant la gare R. G. le *tramway de Saint-Cyr ;* n'en descendre qu'au terminus devant l'*Ecole militaire.* Entrer par l'avenue qui longe le bâtiment en laissant la conciergerie à gauche ; suivre cette avenue jusqu'à la voûte à droite qui conduit dans la *cour Rivoli*. **Visiter** la *Chapelle* (*Musée du Souvenir*) (voir *Lieux historiques*, n° II).

En sortant, remonter la *rue de l'Ecole-Militaire*, jusqu'à la *route de Trappes*, à droite; prendre la 1re ou la 2e montée à gauche sur cette route, vers la *gare de Saint-Cyr-Etat ;* passer sous la voûte à droite avant la gare; suivre le chemin qui monte sur le plateau. **Point de vue** sur la *plaine de Saint-Cyr* et les bâtiments de l'*Ecole*, devant les ruines d'une villa détruite en 1914 pour les besoins de la défense; poursuivre le chemin le long du mur des terrains de manœuvre de *Satory* jusqu'au bout, pénétrer tout droit sous bois en traversant le chemin transversal, descendre le raidillon ; prendre le sentier à une quinzaine de mètres à gauche et suivre tout droit en longeant sur sa rive gauche le filet d'eau de la Bièvre au fond de sa vallée solitaire. On pourra, à 1 500 m. environ, passer sur la rive droite du ruisseau, grossi à ce moment d'une branche venue de Bouviers, et suivre un 2e sentier, parallèle au 1er, peut-être un peu meilleur, sinon plus pittoresque. L'un et l'autre débouchent d'ailleurs sur la *route de Versailles à Chartres*, près de la Minière, en face de l'*Hôtel Restaurant du Val-d'Or*.

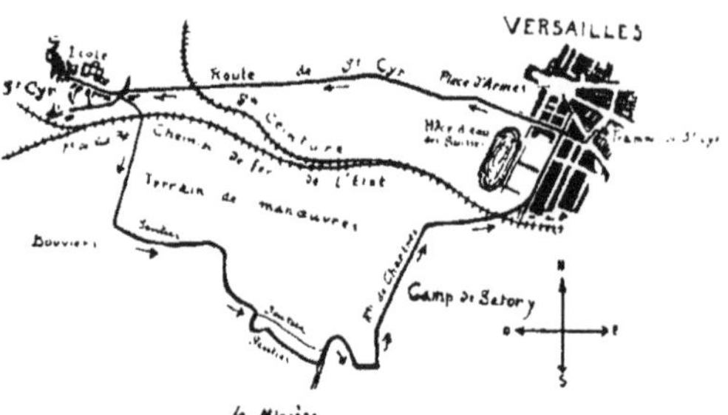

On rentrera en ville en remontant vers la gauche cette grande route qui traverse le *camp de Satory* et aboutit dans Versailles à la grille du même nom.

4. — Vallée de la Bièvre. — Jouy-en-Josas. — Bois des Gonards.

11 *kilomètres* 500 *environ*.

PRENDRE, si l'on veut, le *tramway Chesnay-Chantiers* et la correspondance jusqu'à la *grille de Porchefontaine*, à l'extrémité de la *rue des Chantiers*. Suivre la *route du Pont Colbert*, traverser la ligne de la *Grande Ceinture ;* monter tout droit, *belle vue* sur le terrain de golf de la *Boulie* et les coteaux au delà de Jouy; à cent mètres environ du sommet de la montée, entrer sous bois par le dernier chemin à droite sur l'Étoile, suivre tout droit, et lorsqu'on aperçoit un poteau indicateur, à 200 mètres environ devant soi, prendre le sentier qui oblique à gauche à hauteur d'un chemin perpendiculaire sur la droite. Au haut du sentier, tourner à gauche puis à droite en longeant le mur de la propriété ; suivre alors droit devant soi, entre le mur et le potager du *Chalet des Metz;* immédiatement après une

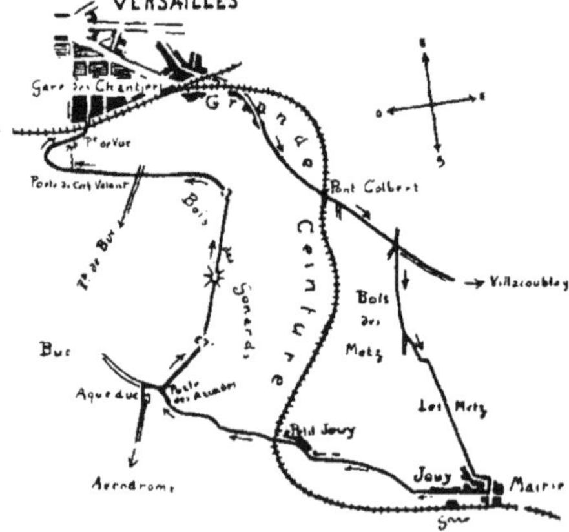

petite place oblongue devant le pavillon d'entrée, voir à gauche une humble chaumière où résida Victor Hugo (plaque commémorative); continuer jusqu'au chemin transversal qui borde la vallée; avant de descendre, par le 1er raidillon, voir un peu à gauche de délicieuses échappées sur la vallée et le village de Jouy; descendre jusqu'à la route au fond du vallon, se rendre à gauche à la *Mairie* (voir *Lieux historiques, n°* III); revenir à Petit-Jouy par la route devant la gare, la *rue d'Orléans*, la *rue de Versailles ;* passer sous la ligne de *Grande Ceinture ;* tourner à droite en longeant le mur du *Bois des Gonards* jusqu'à l'*aqueduc* de 22 m. de hauteur et 488 m. de long construit en 1686 pour amener à Versailles les eaux des *Etangs de Saclay* et du *Trou Salé ;* du milieu du terre-plein devant l'aqueduc, admirer la **perspective** de la vallée de la Bièvre; pénétrer dans le *Bois des Gonards* en ouvrant la *Porte des Arcades*, à une cinquantaine de mètres de l'aqueduc sur la *route du Petit-Jouy ;* monter le raidillon; prendre l'allée bordée de chênes qui monte tout droit jusqu'au poteau indicateur du *Carrefour Irrégulier*, suivre le 2e sentier à gauche; à l'*Etoile*, continuer tout droit à droite de la maison forestière, au carrefour suivant prendre la 1re route à gauche, et sortir du bois par la *porte du Cerf-Volant ;* traverser alors la *route de Buc;* remonter droit devant soi la *route de Versailles;* avant le tournant, au sommet, pénétrer sous bois à droite; du *plateau Saint-Martin*, très belle **vue sur la ville** et les environs. Descendre par les sentiers et escaliers à droite du plateau; traverser la ligne de l'État, rentrer dans Versailles par la *rue Edouard-Charton*, ou par la *rue du Sud* à gauche. Cette dernière conduira *rue Royale*, où l'on trouvera le tramway *Grandchamp-Glatigny*.

5. — Jouy-en-Josas. — Le Vallon St-Marc. — Les Loges-en-Josas.

12 *kilomètres environ.*

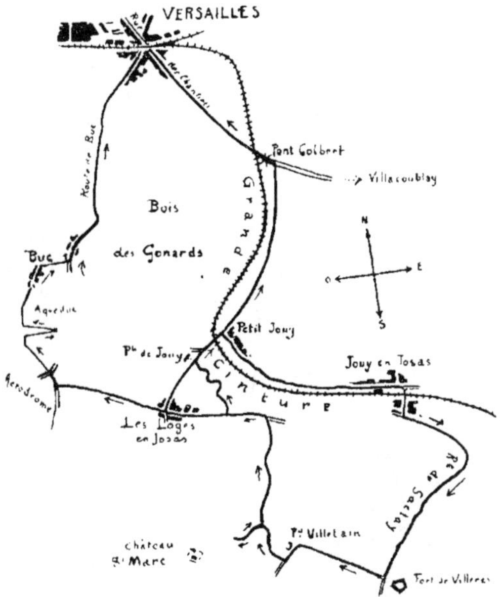

Prendre à la *gare des Chantiers* la ligne de *Grande Ceinture* jusqu'à *Jouy-en-Josas ;* tourner à droite en sortant de la gare. Devant la *Mairie* (voir *Lieux historiques*, n° III), tourner à droite, passer la ligne et par la rue en face, laissant l'*Eglise* à gauche, monter par la *route de Saclay*, jusqu'à proximité du *fort de Villeras ;* prendre alors le chemin bordé de pommiers qui coupe à droite à travers champs jusqu'à la *ferme du Petit-Viltain;* laisser la ferme à droite et continuer jusqu'à l'orée d'un chemin qui s'enfonce en pente rapide sous bois à droite. Descendre jusqu'au fond du vallon, l'un des endroits les plus poétiquement solitaires des environs de Versailles. Si les chemins particuliers qui serpentent parmi les pins à gauche sont interdits au public, le sentier rocailleux qui longe à droite le mur du parc de

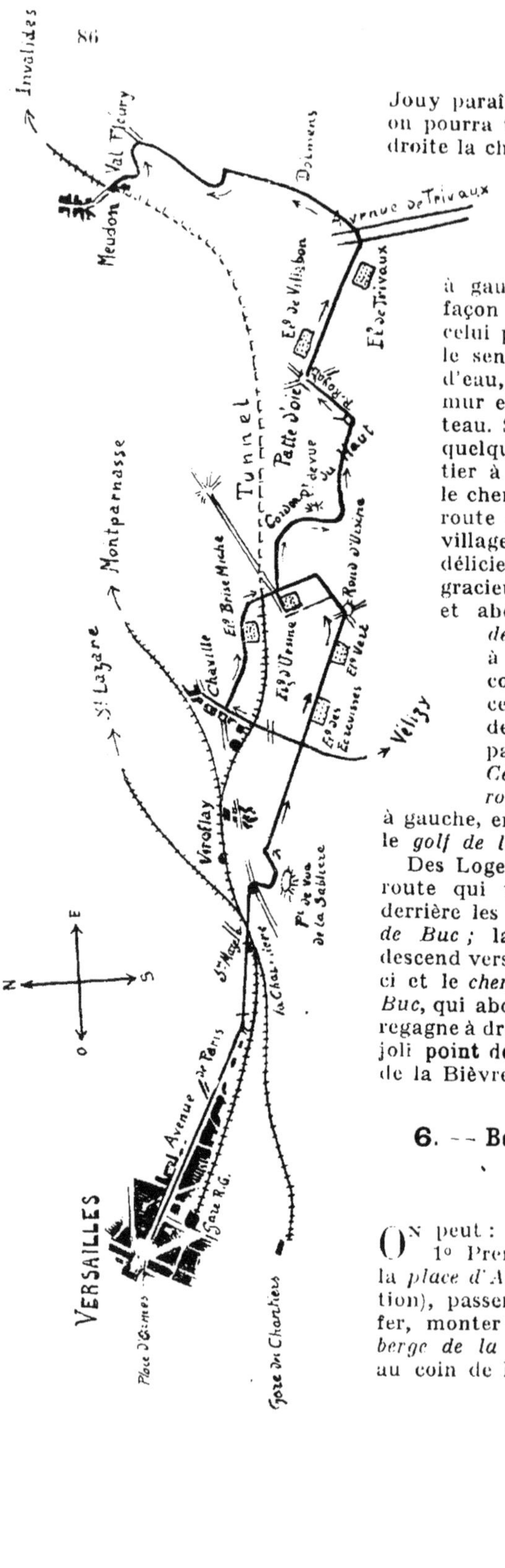

Jouy paraît autorisé. Au bas de la pente, on pourra tourner à gauche et prendre à droite la chaussée qui traverse le pré, puis continuer jusqu'à la grille du château; à droite de cette grille, *vue du château* sur la hauteur. On reviendra sur ses pas; après la chaussée, tourner à gauche, puis à gauche encore, de façon à sortir par le côté opposé à celui par où l'on est descendu, suivre le sentier qui longe le fossé rempli d'eau, enfin grimper le raidillon entre mur et bois, qui aboutit sur le plateau. Suivre encore le mur pendant quelques mètres, couper par le sentier à gauche à travers champs vers le chemin qui tombe bientôt sur la route des Loges-en-Josas. Avant le village, on peut descendre par une délicieuse route privée qui décrit de gracieux lacets sur le flanc du coteau et aboutit près de l'ancienne *Porte de Jouy*, sur le chemin des Loges à Petit-Jouy; ou prendre, au coin de l'*Eglise*, dans le village, ce même chemin de Petit-Jouy; de l'autre côté de la Bièvre, on passera sous la ligne de *Grande Ceinture* et l'on reviendra par la *route de Jouy* au *Pont Colbert*, à gauche, en longeant le chemin de fer et le *golf de la Boulie*.

Des Loges, on peut aussi poursuivre la route qui traverse le village et aboutit derrière les *Tribunes Blériot* à l'*aérodrome de Buc*; laissant à droite la route qui descend vers l'*aqueduc*, prendre, entre celle-ci et le *chemin de la Minière*, le *chemin de Buc*, qui aboutit *rue de la Mairie*, d'où l'on regagne à droite la *route de Buc à Versailles*; joli point de vue sur le village et la vallée de la Bièvre.

6. — Bois et Étangs de Viroflay et Chaville.

10 kilomètres environ.

On peut :

1° Prendre le *tramway du Louvre*, de la *place d'Armes* à la *statue Maze* (une section), passer sous les lignes de chemin de fer, monter vers la gauche jusqu'à l'*auberge de la Chaumière*, tourner à droite, au coin de l'auberge, et grimper à droite de la *Sablière* jusqu'au **point de vue** ; redescendre de l'autre côté ; suivre le *Pavé de Meudon*, jusqu'à *Notre-Dame du Chêne*, lieu de pèlerinage ; puis la route sous bois dans le prolongement (*route de l'Allée noire*) vers l'*étang des Ecrevisses* et l'*étang Vert ;* de là, gagner l'*étang de l'Ursine*, en continuant jusqu'au *Rond d'Ursine*, en prenant la route *de la Fontaine d'Ursine* et en tournant à la 2ᵉ allée à gauche.

2° Si l'on veut faire une promenade moins longue, et sacrifier cette première partie, prendre le *chemin de fer électrique* à la gare R. G. jusqu'à Chaville et se rendre à l'*étang de l'Ursine* en descendant de la gare à droite, en prenant à gauche la *rue de Jouy*, et dans cette rue le 2° chemin à droite. A la bifurcation, laisser à gauche le *Pavé de Meudon*, longer l'*étang de Brisemiche*, et traverser la ligne au-dessus de l'entrée du tunnel.

Au *restaurant de l'Ursine*, source ferrugineuse.

Monter la *route du Belvédère*, qui se détache en obliquant légèrement à droite de la *route Sablée*, qui passe entre l'étang et le restaurant, jusqu'au *carrefour* du même nom ; suivre à droite le *Cordon du Haut*, magnifique **vue sur les bois**, Chaville et Viroflay, poursuivre jusqu'aux faux *dolmens* sur la gauche : à quelques mètres plus loin (*carrefour des Fonds de la Chapelle*) prendre la *route Royale* (2ᵉ à gauche), qui, après avoir longé un champ d'entraînement, aboutit au beau *carrefour de la Patte-d'Oie ;* gagner l'*étang de Villebon* par la *route forestière de la Patte d'Oie* (à droite, l'*Ermitage de Villebon*) ; poursuivre ce chemin jusqu'à l'*étang de Trivaux ;* traverser la large *avenue de Trivaux* qui descend des hauteurs du Petit-Bicêtre jusqu'au *parc aéronautique de Chalais-Meudon ;* continuer tout droit jusqu'au *carrefour de la Garenne* où se trouvent des *menhirs* découverts en 1894 par M. Berthelot ; descendre vers la gauche à la *Fontaine-Sainte-Marie*, rendez-vous populaire, et sortir du bois en longeant le mur de l'établissement aéronautique par une porte qui donne *rue de l'Orphelinat ;* suivre celle-ci jusqu'à la *rue Banès*, à gauche ; elle descend jusqu'à la *gare de Meudon-Val-Fleury* où l'on prendra le *chemin de fer électrique Invalides-Versailles* jusqu'à la gare R. G.

7. — Bellevue. — Meudon. — Chaville.

8 kilomètres environ.

PRENDRE à la R. G. la *ligne Versailles-Montparnasse*, jusqu'à *Bellevue*. En sortant de la gare, gagner par la *rue des Potagers* la *Grande Rue de Bellevue ;* tourner à gauche, suivre jusqu'à l'*avenue Mélanie ;* voir à droite, du haut d'une petite terrasse, jadis occupée par le château de Mme de Pompadour, une **belle vue** sur Paris.

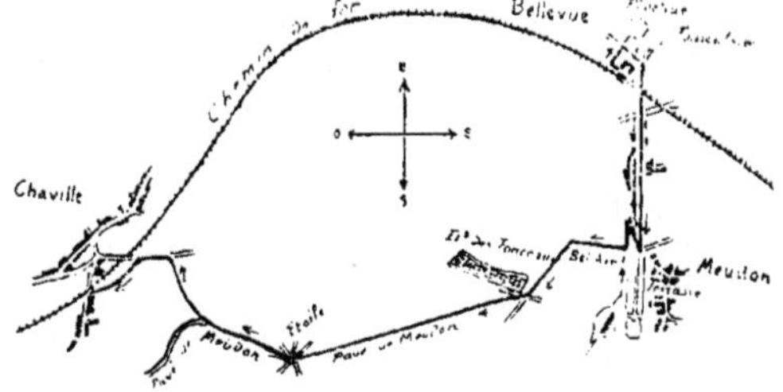

Reprendre la *Grand-Rue* et la remonter à gauche jusqu'au *Pont du chemin de fer ;* un funiculaire à gauche, avant ce pont, descend jusqu'au bord de la Seine, au Bas-Meudon ; suivre la magnifique *avenue du Château*, jusqu'à la grille d'honneur de la *Terrasse de Meudon ;* suivre la *Terrasse*, en admirant le **point de vue** jusqu'à l'emplacement de l'ancien *Château* et l'*Observatoire d'Astronomie* (voir *Lieux historiques*, n° IV).

En quittant la *Terrasse*, gagner l'*étang des Fonceaux*, par la *rue des Capucins* (à gauche de l'*avenue du Château*), la *rue Marcellin-Berthelot* à gauche, l'entrée du bois par la *grille du Bel-Air*, continuer par le *Pavé de Meudon*, jusqu'au 1er tournant, après l'*Etoile* (Arbre Vert) ; descendre l'allée en prolongement, en laissant le pavé à gauche, et longer la ligne vers la gauche jusqu'à la *gare de Chaville*.

8. — Ville-d'Avray. — Parc de Saint-Cloud. — Sèvres.

6 *kilomètres environ.*

Prendre le train à la gare R. D. jusqu'à *Sèvres-Ville-d'Avray*. En quittant la gare, se rendre aux *Jardies*, par la *rue des Jardies* et l'*avenue Gambetta* (voir *Lieux historiques*, n° VI).

Après la visite, monter l'*avenue Gambetta* et pénétrer dans le parc par la porte en haut de cette avenue. On monte une courte allée et l'on se trouve sur un vaste *rond point*. Prendre la 4e avenue à partir de la droite ; c'est la nouvelle *allée Serpentine* qui descend en ondulant vers la *Grande Allée de Villeneuve*, que l'on suit vers la droite, en longeant le *bassin de la Grande-Gerbe* et ceux des *Vingt-Quatre Jets* jusqu'aux *parterres* qui mènent à l'emplacement du *château* (voir *Lieux historiques*, n° VII).

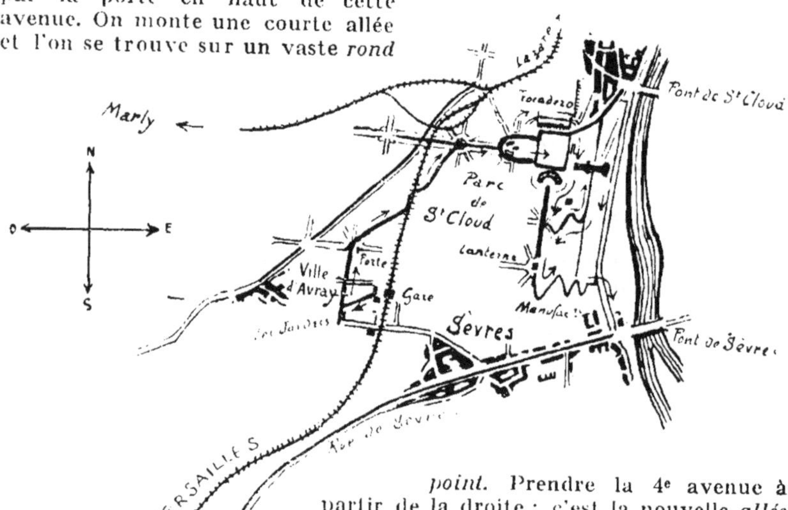

A gauche de ces bassins, de l'autre côté de la route que suivent les voitures, on accède par une grille aux délicieux jardins du *Trocadéro*. Avant d'en sortir par les escaliers à l'autre extrémité, voir à droite les quatre petites colonnes de fonte, seuls restes d'une passerelle qui reliait les jardins à un balcon du palais, et le point de vue magnifique du haut de la terrasse. Traverser l'emplacement du *Château*, vers le *Bassin du Fer à cheval ;* suivre la grande allée en face, et aussitôt après la grille descendre le sentier en zig-zag qui conduit au *Grand Jet d'eau* et à la fameuse *Cascade*.

De là, on gagnera la *Manufacture de Sèvres* par l'une des trois allées parallèles à la Seine ; soit l'allée du bas, au pied de la *Cascade ;* soit l'*allée de Breteuil* qui la sépare en deux parties à mi-hauteur ; soit en remontant jusqu'à l'avenue qu'on vient de quitter, en face du *Fer à che-*

val. Cette dernière (*allée de la Balustrade*) monte rapidement jusqu'à la *Terrasse* que dominait la reproduction du monument chorégique de Lysicrate, à Athènes, la *Lanterne de Démosthène*, détruite par les Prussiens en 1870. De l'extrémité de ces deux dernières allées on redescendra par des sentiers qui longent la clôture du *pavillon de Breteuil* et de la Manufacture jusqu'à la grille qui donne accès devant le *Musée* (voir *Lieux historiques*, n° V).

Prendre à droite en sortant le *tramway Louvre-Versailles* au *pont de Sèvres*.

9. — Marnes. — Étangs de Ville-d'Avray. — Chaville.

8 *kilomètres environ.*

PRENDRE, si l'on veut, le *tramway de Clagny* jusqu'à son terminus ; monter l'*avenue de Villeneuve-l'Étang ;* à la *porte Verte*, prendre la 3e route à gauche vers Marnes : c'est le *Cordon de Marnes*. **Point de**

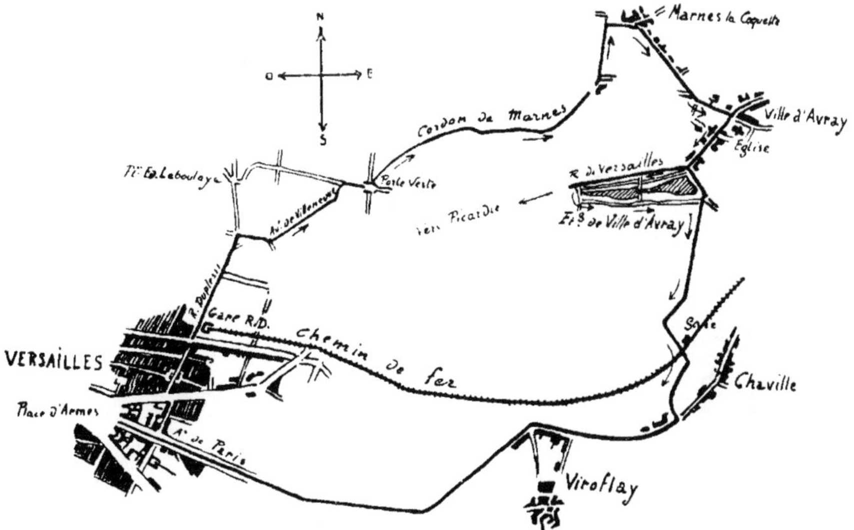

vue à droite. A l'extrémité, descendre la *rue de Versailles* et, au bas, tourner à droite dans la *Grande-Rue de Marnes ;* voir en face de la Mairie le *monument Pasteur*, par Chailloux, et l'emplacement d'un *Théâtre de Verdure.* Reprendre la *Grande-Rue* vers Ville-d'Avray. Visiter l'*Eglise* de Ville-d'Avray, qui renferme quelques belles œuvres d'art de Pradier, de Rude et de Corot.

En sortant de l'*Eglise*, monter à gauche la grande *route de Versailles ;* à moins d'un kilomètre, quelques marches à gauche descendent vers les *étangs de Ville-d'Avray ;* à droite, le *monument Corot.* Faire le tour du premier étang, ou suivre tout droit, entre l'étang à droite et une propriété particulière à gauche, et monter la route forestière (2e à partir du mur) jusqu'à la crête ; en arrivant au 2e carrefour, descendre par la *route forestière des Mortes-Fontaines* jusqu'à la *rue Martinière* qui longe vers la droite la lisière du bois ; elle fait un coude à gauche et se continue par la *rue Carnot*, où se trouve la *gare de Chaville.*

On peut y prendre, pour rentrer, la *ligne Saint-Lazare à Versailles*

R. D. ou descendre par la *rue Carnot* et à droite le *boulevard de la République* jusqu'à la *Grande-Rue de Chaville*, où l'on trouvera le *tramway Louvre-Versailles.*

10. — Le Butard. — Saint-Cucufa. — Garches.

8 kilomètres 500 environ.

PRENDRE le *tramway de Glatigny* jusqu'au terminus, *place Edouard-Laboulaye* ; suivre le *boulevard de la Porte-Verte* jusqu'à la *place de la Paix* ; prendre le *boulevard de Glatigny* à gauche jusqu'à *Sans-Souci*,

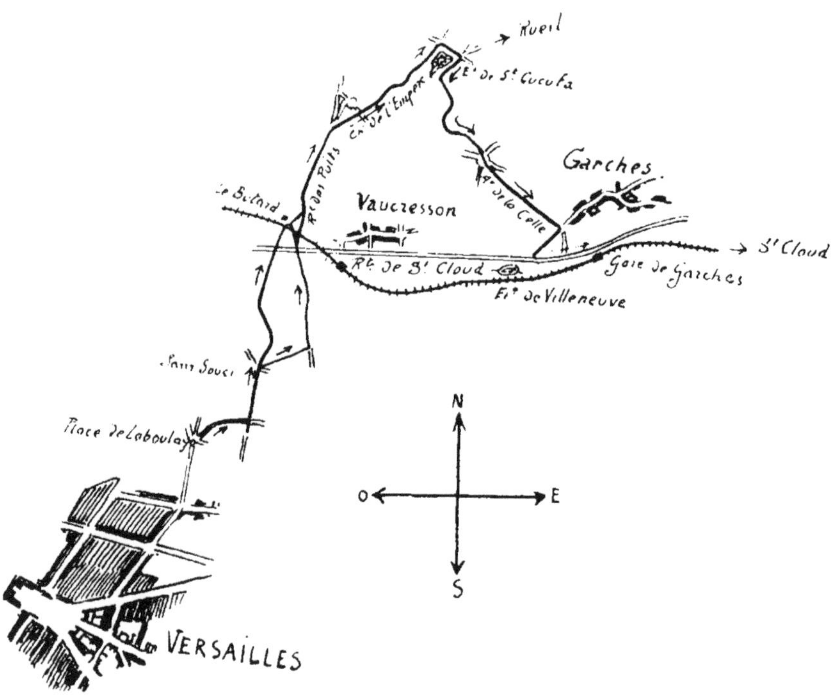

guinguette à l'orée du bois ; gravir la montée et suivre la route droit devant soi, ou la longer par les sentiers sous bois, jusqu'à la *route de Rocquencourt à Saint-Cloud* ; traverser cette dernière et prendre l'allée en face en tournant à droite, puis à gauche, jusqu'au pavillon de chasse royal du *Butard*, de l'autre côté de la ligne de Marly. On visite ce charmant pavillon, œuvre gracieuse de l'architecte Gabriel (1750). Mobilier intéressant. S'adresser à la gardienne. (Pourboire.)

De Sans-Souci on peut encore, après avoir monté la route d'environ 150 m., obliquer à droite et suivre l'allée sous bois jusqu'à l'*allée forestière du Butard*, qui traverse la *route de Rocquencourt à Saint-Cloud*.

Par un des chemins qui partent du *Rond-Point*, gagner la *route des Puits*, bordée de villas et de guinguettes entre Vaucresson et la forêt, la suivre à gauche jusqu'au *chemin vicinal de l'Empereur* (dernière voie à droite, avant le rond-point ; on descend ce chemin sous bois jusqu'à l'*étang de Saint-Cucufa*.

En tournant à droite, on passe le long de l'étang, et l'on remonte de l'autre côté, par un chemin symétrique à celui de l'*Empereur* ;

après le petit pont, appuyer à gauche, puis, plus loin, à droite. On arrive bientôt à l'*avenue de la Celle-Saint-Cloud* que l'on descendra jusqu'à la *rue Pasteur*, à gauche. Tourner à droite par cette rue, on débouchera devant la grille du *château de Villeneuve-l'Etang*, où mourut Pasteur en 1895 et où sont encore les laboratoires de sérum. Voir l'*Etang* contigu, grille voisine. En sortant sur la route, la suivre à droite et gagner la *gare de Garches*, où un train, venant de Marly, vous ramènera à Saint-Cloud, sur la *ligne Saint-Lazare-Versailles*.

11. — La Celle-Saint-Cloud. — Bougival. — La Machine.

9 kilomètres environ.

PRENDRE le *boulevard du Roi* (*tramway Chantiers-Chesnay*, si l'on veut) jusqu'au *carrefour Saint-Antoine ;* obliquer à gauche par la *rue de Versailles*, et suivre tout droit, en dépassant les *châteaux de Bel-Air* jusqu'à la *grand'route de Rocquencourt à Saint-Cloud*. Tourner à droite et prendre le 2e chemin forestier à gauche ; par les *bois Plantés*, gagner le pont qui traverse la *ligne de Saint-Cloud à Marly et Saint-Nom-la-Bretèche ;* belle vue à gauche ; grimper le sentier escarpé qui aboutit à la *route des Suisses ;* à gauche, point de vue ; suivre cette route ; après un double coude on arrive devant la grille du *château de la Celle*, qui appartint à Mme de Pompadour. A quelques mètres, monter à droite l'*impasse du Cimetière* et voir près du tombeau de famille du grand patriote Paul Déroulède, le premier poteau frontière abattu en Alsace par les troupes françaises en 1914. Par la *rue de la Mairie*, se rendre à l'*Eglise* (tableaux anciens et modernes). Descendre ensuite par la *rue de la République*, la *route de Bougival*, où l'on voit à droite le *monument* élevé à la mémoire de trois héroïques ouvriers, Debergue, Martin et Cardon, fusillés en 1870, la *rue du Monument* (à droite au tournant), puis la *rue de Versailles*, jusqu'à l'*Eglise* de Bougival, restaurée en 1900, mais qui garde quelques parties datant du XIIe siècle. On y remarque la pierre tombale, scellée dans le mur de droite, de Rennequin Sualem, « seul inventeur de la *machine de Marly* », mort en 1708.

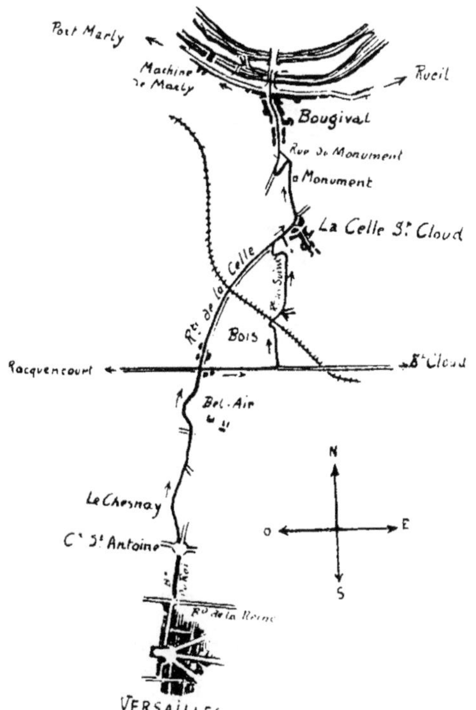

On arrive au quai. De l'autre côté du pont, à droite, dans l'île, voir la *guinguette des Canotiers*, illustrée au siècle dernier par toute une colonie de peintres célèbres.

Repasser le pont ; suivre la Seine vers Port-Marly et visiter la fameuse *Machine* (voir *Lieux historiques*, no X).

Rentrer à Versailles par le *tramway de Saint-Germain à l'Etoile* ou celui de *Marly à l'Etoile ;* en descendre au *rond-point des Bergères ;* par la *rue de la République* gagner la *gare de Puteaux* et y prendre le *chemin de fer de Saint-Lazare à Versailles R. D.*

12. Forêt de Marly.

8 kilomètres environ.

PRENDRE à la *gare des Chantiers* le *chemin de fer de Grande Ceinture* jusqu'à Saint-Nom-la-Bretèche. La gare de Saint-Nom est au cœur même de la forêt et peut servir de point de départ à un charmant circuit pédestre.

Traverser les voies et prendre la route en direction de l'Étang-la-Ville ; à 800 m. environ de la gare, au 1e poteau télégraphique après la haie d'une propriété à droite, s'engager à gauche sur un chemin de culture qui oblique en montant jusqu'à un bosquet (peupliers) entre des jardins fruitiers ; traverser le bosquet ; immédiatement à la lisière, prendre le sentier qui la longe à gauche et qui passe, par une voûte étroite, sous la voie du chemin de fer ; monter les quelques marches et suivre à droite le chemin de culture qui suit la voie ; il aboutit à la *route de Mareil*, qui monte du passage à niveau. On peut alors, ou bien suivre cette route tout droit jusqu'à son aboutissement dans le chemin qui descend vers le village et prendre le chemin à gauche pour pénétrer dans la forêt : ou bien, ce qui est un peu plus court, monter par un autre chemin de culture à gauche, jusqu'au mur de la forêt, et suivre le sentier qui le longe à droite. Immédiatement après l'angle brusque de ce mur à gauche, on trouvera la *porte de la Forêt.* Que l'on prenne l'une ou l'autre route, la vue s'étend à chaque pas plus magnifique.

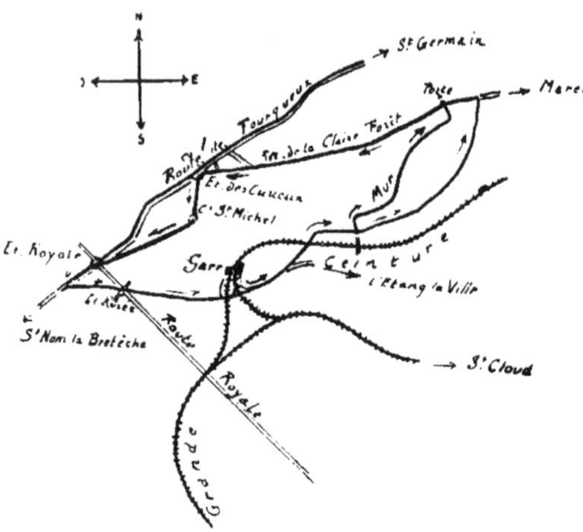

Une fois dans la forêt, suivre devant soi la longue *route de la Claire-Forêt* jusqu'au *carrefour des Curieux* sur la *route de Saint-Germain à Saint-Nom-la-Bretèche.* Un crochet, à gauche, conduit au point de vue Saint-Michel sur les vallonnements de la forêt. Suivre le 1er chemin à gauche en tournant le dos au point de vue ; il mène à la *table de pierre* voisine de l'*Etoile Royale.* Par cette étoile et la *route de Saint-Nom* à gauche, descendre vers la *porte de Saint-Nom-la-Bretèche,* d'où l'on a encore une belle vue sur la plaine de Villepreux, les Clayes et Saint-Cyr. Remonter par le 1er chemin qui oblique à droite, en tournant le dos à Saint-Nom, traverser la *route Royale* à l'*Etoile Rusée* et descendre jusqu'à la gare.

✠

PROMENADES A CHEVAL

Combinées par M. CHAFFIN

1. — Le tour du Canal.

DURÉE DU TRAJET : *environ* 1 *heure.*

SORTIR de Versailles par la grille du *boulevard de la Reine ;* descendre l'*avenue de Trianon* jusqu'à l'*allée des Matelots* que l'on prend à gauche devant la grille du parc du Grand-Trianon. Si l'on est arrivé

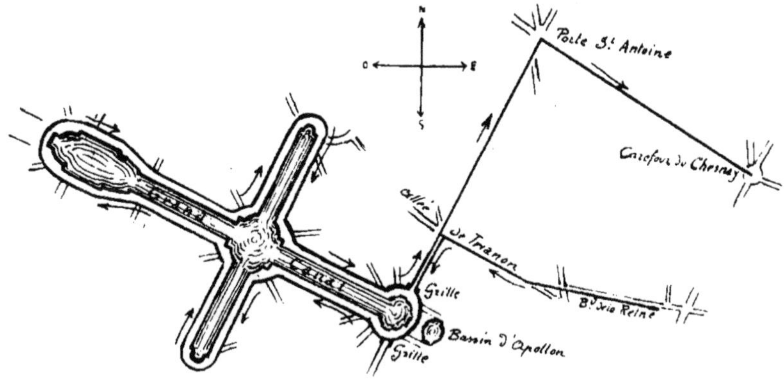

par le Chesnay, entrer par la *porte Saint-Antoine* et suivre droit devant soi, jusqu'au même point. Suivre l'*allée des Matelots* jusqu'à l'*embarcadère* de canotage du *Canal*, pénétrer dans le Parc par la grille, à gauche, contourner l'extrémité du *Canal*, sortir par l'autre grille et suivre tout le tour de la croix d'eau, ce qui ramène à l'*embarcadère* et à l'*allée des Matelots*. Revenir par la *porte Saint-Antoine* ou la grille du *boulevard de la Reine.*

2. — Le Grand Parc et le tour des Trianons.

DURÉE DU TRAJET : 1 *heure* 1/2 *environ.*

MÊME itinéraire que pour la promenade précédente jusqu'à la grille de sortie du Parc, à gauche du *Grand Canal*. Prendre l'*allée de la Reine* (2e à gauche) jusqu'à la *Ménagerie ;* contourner le bras sud du *Canal* jusqu'à l'*allée des Paons* que l'on prend à gauche. La suivre jusqu'à l'*allée de Choisy* (2e à gauche), la prendre à gauche jusqu'à l'*allée abandonnée des Mortemets* (au carrefour de la *route de Saint-Cyr*) ; la suivre à droite jusqu'à l'*allée de Maintenon* (à la hauteur du *bassin de Choisy*), tourner à droite par cette allée et la suivre jusqu'à l'*Etoile Royale*. Revenir de l'autre côté de l'*Etoile* par l'*allée de Fontenay* (la plus proche du Canal) qui oblique à gauche, traverse l'*Etoile du Bouillon* et rejoint l'*allée des Ha! Ha!* Suivre celle-ci à gauche, le long du mur extérieur des Trianons, et tourner à droite, toujours en suivant le mur par l'*allée des Rendez-vous*, qui aboutit à la *porte Saint-Antoine.* De là, regagner la grille du *boulevard de la Reine* soit directement par la *petite allée Saint-Antoine,* soit par *l'allée des Matelots* à droite et *l'avenue de Trianon* à gauche.

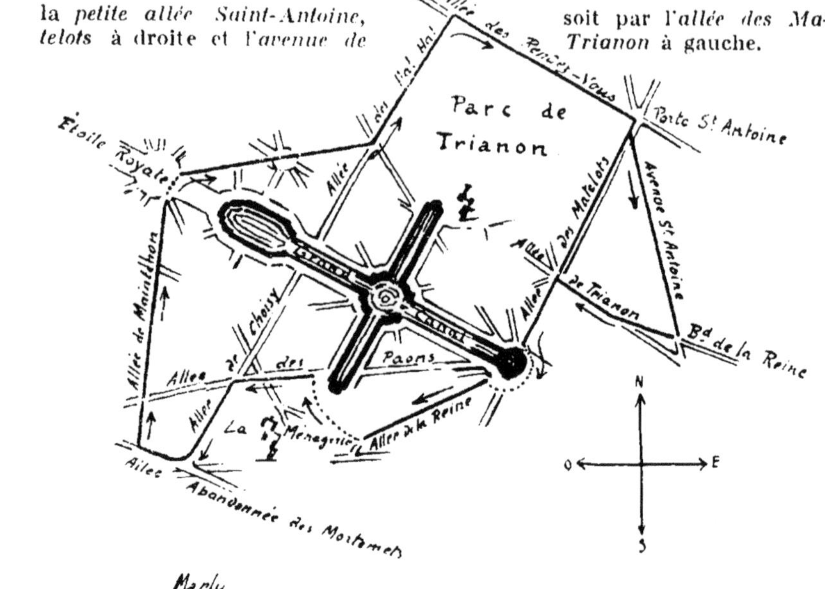

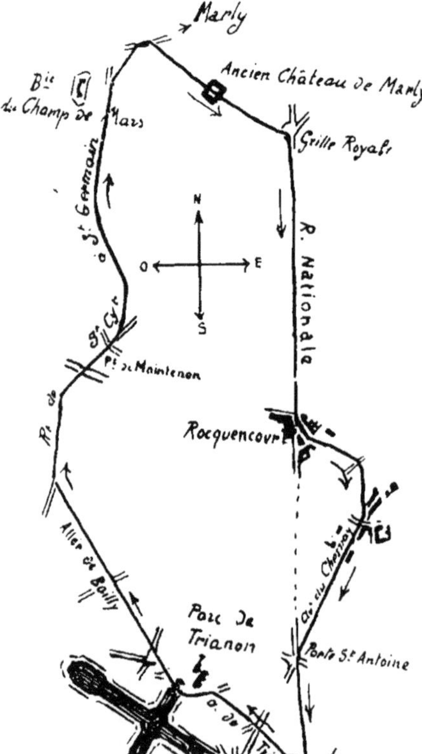

3. — Forêt de Marly[1].

DURÉE DU TRAJET : 2 *heures environ.*

GAGNER le bras nord du *Canal* par la grille du *boulevard de la Reine, l'allée de Trianon* et, devant le *palais du Grand-Trianon,* l'allée qui le borde sur la gauche. Prendre et suivre tout droit jusqu'à la porte de sortie du grand parc *l'allée de Bailly,* qui longe d'abord le mur d'enceinte du Grand-Trianon. Après la *porte de Bailly,* continuer devant soi jusqu'à la *route de Saint-Cyr à Saint-Germain,* suivre celle-ci à droite jusqu'à l'entrée de la *forêt de Marly* à la *porte de Maintenon,* puis continuer en forêt jusqu'à la *batterie du Champ de Mars.* Prendre alors à droite un des nombreux chemins qui mènent aux *Deux Portes,* sortir de la forêt sur la *route nationale* et tourner à droite vers Rocquencourt. Un trottoir est réservé aux cavaliers entre l'*aqueduc de Louveciennes* et cette localité.

Pour éviter la route goudronnée de Rocquencourt à la *porte Saint-Antoine,* passer par le Grand-Chesnay et l'*avenue du Chesnay.*

4. — Forêt de Marly (2)

Durée du trajet : 2 *heures* 1/2 *environ.*

Gagner Rocquencourt par la *porte Saint-Antoine*, l'*avenue du Chesnay* et le Grand-Chesnay, pour éviter la route goudronnée. A Rocquencourt, sur la *route de Mantes à Paris*, se faire ouvrir la porte de la forêt. Prendre à gauche le chemin qui suit la lisière du bois, traverse la *route de Saint-Cyr à Saint-Germain* et longe le mur derrière le village de Bailly. Tourner à droite par un chemin qui aboutit à l'*Etoile du Chêne Impérial*, et prendre à gauche le sentier parallèle à la *route Royale* jusqu'au petit rond-point voisin de la *Batterie de Noisy ;* rejoindre alors la *route Royale* en tournant à droite et la suivre à gauche jusqu'à la *route de Noisy à l'Etang-la-Ville ;* suivre celle-ci à droite jusqu'à l'*Etoile de l'Armières ;* prendre le 1er sentier à droite sur cette étoile et le suivre jusqu'à la *route Plantée ;* tourner à gauche par cette route, traverser celle de *Saint-Cyr à Saint-Germain*, et suivre tout droit par l'*Etoile du Compas* le chemin dit d'exploitation qui laisse à gauche la *ferme du Trou d'Enfer*, et ramène à la porte de départ, à Rocquencourt.

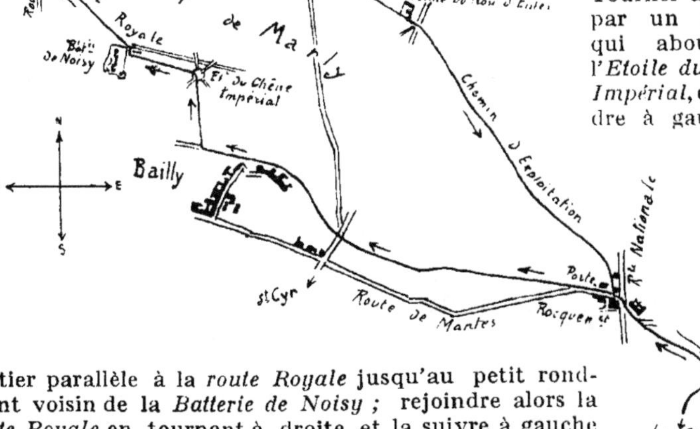

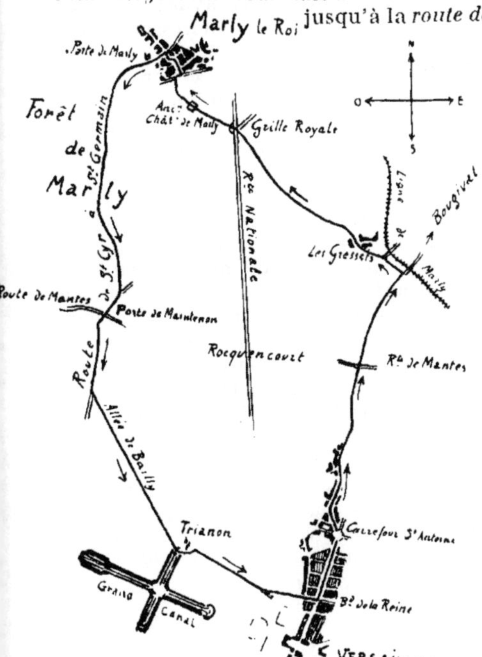

5. — Marly-le-Roi.

Durée du trajet :
2 *heures* 1/2 *environ.*

Sortir de Versailles par le Petit-Chesnay et la *route de Versailles à Bougival.* La descendre jusqu'à la *ferme de Bellébat*, et tourner à gauche avant de passer sous la voie du *chemin de fer de l'Etang-la-Ville à Saint-Cloud*, passer devant la ferme et monter vers le village des Gressets, que l'on traverse pour rejoindre le chemin vicinal de la *Grille Royale*. Pénétrer dans la *forêt de Marly* par cette grille et descendre droit devant soi jusqu'à l'emplacement de l'ancien château. Continuer et obliquer à droite pour sortir de la forêt : descendre *l'avenue de Fitz-James* jusqu'à la *Grande-Rue* (1re à gauche) ; prendre dans celle-ci la 1re à gauche et monter jusqu'à la *place* et la propriété *Victorien-Sardou* ; rentrer dans la forêt par la *porte de Marly* et suivre la *route de Saint-Germain à Saint-Cyr*, en passant par la *porte de Maintenon*, jusqu'à *l'avenue de Bailly*. Prendre celle-ci, pénétrer dans le parc extérieur par la *porte de Bailly* et suivre *l'allée* du même nom directement, jusqu'au bras nord du *Grand Canal* ; revenir par *l'allée de Trianon* et la grille du *boulevard de la Reine*.

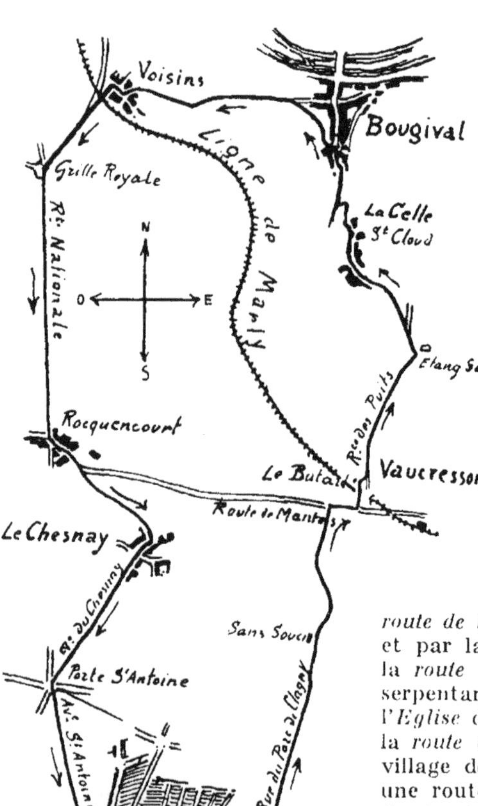

6. — Vaucresson. — La Celle Saint-Cloud. — Bougival. — Louveciennes.

Durée du trajet :
3 heures environ.

Sortir de Versailles par la *rue du Parc-de-Clagny*, suivre le *boulevard de Glatigny*, qui, après *Sans-Souci*, pénètre en forêt et devient chemin d'intérêt commun, jusqu'à la *route de Mantes à Paris*. Prendre celle-ci à droite, puis avant la descente sur Vaucresson, tourner à gauche par la *route des Puits*, ou mieux par le *chemin du Butard* à l'angle de celle-ci. Du *Butard*, regagner la *route des Puits* et la suivre jusqu'à *l'Etang sec* ; descendre à gauche par la *route de la Celle*, passer devant *l'Eglise*, et par la *rue de la République*, gagner la *route de Bougival* qui descend en serpentant jusqu'à la Seine. En face *l'Eglise* de Bougival, prendre à gauche la *route de Louveciennes*, traverser le village de Voisins ; devant le château, une route droite, qui traverse la *ligne de chemin de fer de Marly*, ramène à la *route de Rocquencourt*, à la *Grille Royale*.

Suivre celle-ci par le bas côté réservé aux cavaliers jusqu'à Rocquencourt, et rentrer par le Grand-Chesnay, *l'avenue du Chesnay* et la *porte Saint-Antoine*.

7. — Saint-Cucufa. — La Malmaison. — Bougival. — Marnes.

Durée du trajet : 3 *heures environ.*

Sortir de Versailles par l'itinéraire précédent ; sur la *route des Puits,* prendre le dernier chemin qui oblique à droite. C'est le *chemin de l'Empereur,* qui mène sous bois jusqu'à l'*étang de Saint-Cucufa,* qu'on laisse à droite. Poursuivre tout droit par le *chemin vicinal de Versailles à Rueil* jusqu'au *parc de la Malmaison.* Gagner vers la droite le *chemin de Rueil à la porte Jaune* et le remonter jusqu'à celui de la *porte de Long-Boyau ;* prendre ce dernier ; après la porte (*plaque commémorative* du combat de 1870), prendre à gauche sous bois le *chemin de Vaucresson ;* après le *rond-point* à la sortie du bois, longer le mur est du *haras Lupin* et descendre devant le *cimetière de Vaucresson* jusqu'à la *route de Saint-Cloud.* En la prenant à gauche, on dépasse l'emplacement de l'ancien *château de la Marche* et l'on arrive devant l'*hospice Brézin.* Tourner alors à droite le long du *domaine de Villeneuve-l'Etang,* par l'*avenue Brézin* qui aboutit à Marnes ; par la *rue de Versailles,* remonter jusqu'au *Cordon de Marnes* (dit *route de l'Impératrice*), et rentrer dans Versailles par la *grille* et l'*avenue de Villeneuve-l'Etang.*

8. — Bois de Fausses-Reposes. — Étangs de Ville-d'Avray.

Durée du trajet : 1 *h.* 1/2 *environ.*

Sortir de Versailles par l'*avenue et la grille de Villeneuve-l'Etang,* prendre à droite sur la demi-lune en face, le *Cordon du Nord,* qui traverse la *route de Versailles à Saint-Cloud ;* attention en traversant ; continuer devant soi jusqu'à la *route Royale,* la traverser et prendre à gauche jusqu'à la *route des Petits-Bois ;* tourner à droite par cette dernière, puis prendre le 5e chemin à gauche et encore le 2e à gauche pour arriver aux *Etangs.* Faire le tour de celui de droite pour voir le *monument Corot ;* revenir sur ses pas et prendre au bout du *Petit Etang* le chemin qui traverse la *route de Versailles à Saint-Cloud ;* se méfier du sol poli comme un miroir ; prendre en face à gauche une *allée cavalière* qui ramène sous bois à la *porte de Villeneuve-l'Etang*.

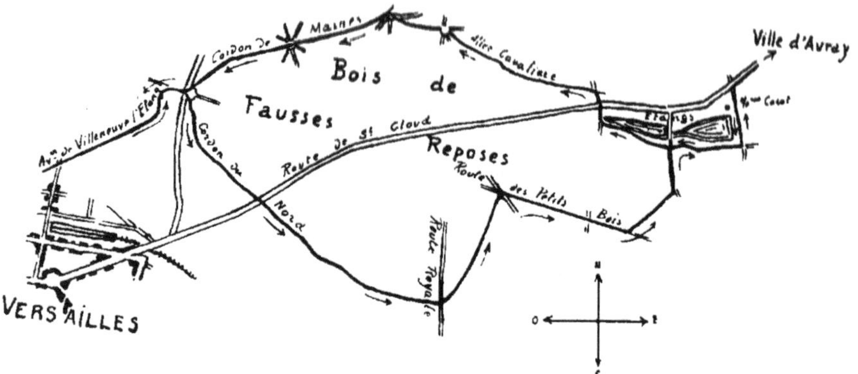

9. — Bois de Fausses-Reposes. — Chaville. — Bois de Meudon.

Durée du trajet : 3 *heures environ.*

Sortir par *l'avenue et la grille de Villeneuve-l'Etang;* prendre en face la *route de la Porte-Verte* et, dans son prolongement, la *route des Petits-Bois ;* dépasser la *route de la Côte-Brûlée* et prendre le 2e tournant à droite. Passer sous la voie du *chemin de fer R. D.*, traverser la *route de Versailles à Paris*, continuer tout droit, passer sous la voie du *chemin de fer R. G.*, puis sous celle des *Invalides*. A l'orée du *bois de Meudon*,

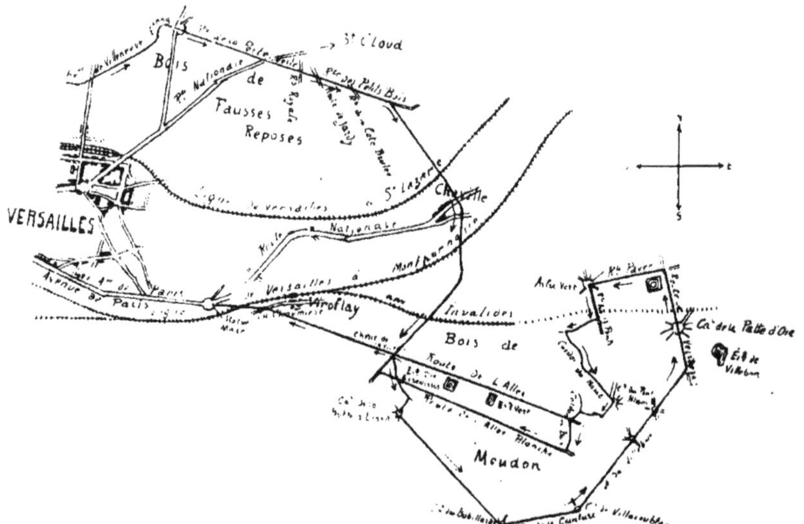

prendre à gauche sous bois tout au commencement et à droite de la route qui mène à *l'étang de l'Ecrevisse* et à *l'étang Vert* un petit chemin oblique qui traverse *l'allée Blanche;* prendre la 1re à droite après cette allée jusqu'au *carrefour de la Butte-à-Liard* et continuer par la *route de la Ceinture*, en laissant Vélizy à droite, jusqu'à la *route de Verrières*, que l'on prend à gauche (à droite, *restaurant et étang de Villebon*) ; **traverser le** *carrefour de la Patte-d'Oie* **et continuer tout droit jusqu'à l'ancienne** *route pavée de Versailles à Meudon*, **que l'on prend à gauche jusqu'au** *carrefour de l'Arbre vert* (*cèdre*). **Prendre à gauche la** *route des Treize-Ponts*, **puis la 1ʳᵉ à droite et la 1ʳᵉ à gauche** (voir en passant le **point de vue de Brisemiche** à droite) et continuer à droite **jusqu'au** *carrefour du Pont-Blanc* (à gauche, *dolmens*) ; tourner à droite **deux fois pour rejoindre le** *Cordon d'en bas* qu'on prend à gauche **pour rejoindre** à droite la *route de l'allée Blanche* ; reprendre à droite presque à son extrémité le petit chemin par où l'on est entré sous bois, traverser le *chemin de Chaville à Vélizy*, et continuer sous bois par le *Chêne de la Vierge* et l'*auberge de la Chaumière;* passer sous les *ponts du chemin de fer* et rentrer dans Versailles par la *grille de l'avenue de Paris*.

10.— Bois du Pont-Colbert. — Bois des Metz. — Bois des Gonards.

Durée du trajet : 2 *heures environ*.

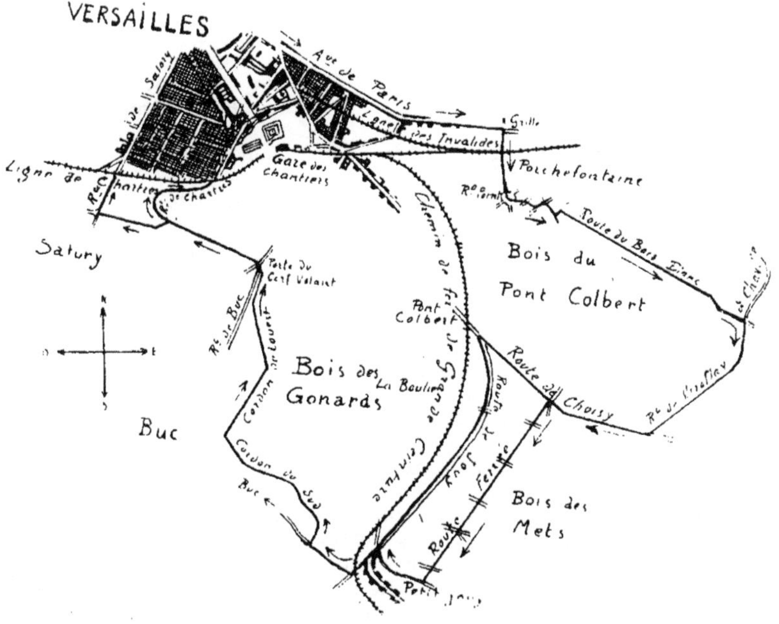

SORTIR de Versailles par la *grille de l'avenue de Paris*, et tourner immédiatement à droite, passer sous les ponts du *chemin de fer* et continuer tout droit dans Porchefontaine jusqu'au *rond-point ;* obliquer à gauche pour entrer dans le bois par la *route du Bois-Blanc ;* suivre celle-ci jusqu'au *chemin de grande communication* qui monte de Chaville et le prendre à droite. Tourner à droite encore sur la *route nationale de Villacoublay*, et rentrer dans le *bois des Metz* par la *route Ferrée* (2ᵉ à gauche après le coude de la *route nationale*) ; suivre la *route Ferrée* jusqu'au dernier chemin à droite qui descend sur la *route de*

Jouy au pont Colbert; tourner à gauche puis à droite sous la *ligne de Grande Ceinture,* et encore à droite le long du mur du *bois des Gonards ;* y pénétrer par la *porte du Moulin,* monter à gauche le *Cordon du Sud* et le suivre jusqu'à la *porte du Cerf-Volant ;* traverser la *route de Buc,* et revenir par la route en face, à travers le *bois Saint-Martin,* jusqu'à la *grille de la rue Edouard-Charton,* ou celle de *Satory.*

11. — Bois des Gonards.

DURÉE DU TRAJET : 2 *heures environ.*

SORTIR de Versailles par la grille située à l'extrémité de la *rue Edouard-Charton ;* passer sous le pont du *chemin de fer,* et prendre à droite le *chemin de grande communication* qui tourne dans le *bois Saint-Martin* et aboutit sur la *route de Buc* à la *porte du Cerf-Volant* qui donne accès dans le *bois des Gonards.* Prendre à droite le *Cordon de l'Ouest* et *du Sud ;* en vue des *Arcades de Buc,* tourner à gauche par la *route des Arcades,* qui conduit à l'*Etoile centrale des dix routes.* Rayonner à volonté par ces allées, et redescendre vers la *porte du Cerf-Volant,* ou celle de la *route du pont Colbert,* puis de la *grille des Chantiers ;* rentrer alors par la *rue des Tribunes* et l'*avenue de Paris.*

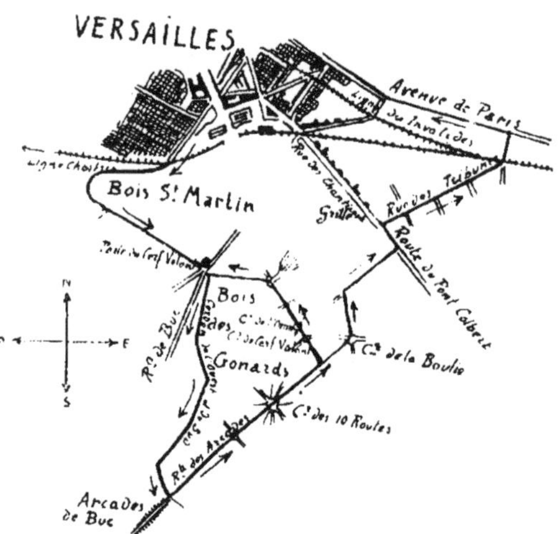

Au cours de cette promenade on découvre l'*aqueduc de Buc* au-dessus duquel Louis Pellier, chef de cette dynastie d'écuyers célèbres, accomplit un véritable tour de force équestre dans les circonstances suivantes. Écuyer attaché à la grande écurie du roi Louis XV, Louis Pellier avait parié vingt-cinq louis d'or avec le cardinal de Rohan et le prince de Guémenée qu'il parcourrait à cheval au pas demi-rassemblé la plate-forme de l'aqueduc de Buc dans toute sa longueur. Il partit de grand matin, chaussé de hautes bottes à la Nestier et la tête couverte d'un chapeau à lampe, sur son cheval favori, suivi de ses partenaires et d'une foule de courtisans. Le trajet se fit sans encombre dans les conditions convenues, mais à la fin, Pellier, pris de vertige, n'eut que le temps de saisir convulsivement la grille de sortie pour pouvoir se tenir debout. Le gain de ce pari valut au vainqueur une prodigieuse réputation de sang-froid et d'intrépidité.

12. — Buc. — Vallée de la Bièvre. — Satory.

DURÉE DU TRAJET : 2 *h.* 1/2 *environ.*

GAGNER la *route de Buc* par l'itinéraire précédent ; descendre cette route, tourner à droite par la *rue Alsace-Lorraine* et suivre celle-ci jusqu'à la *rue de la Mairie* à droite. Celle-ci se termine par un sentier de terre que l'on suivra sur la rive gauche de la Bièvre, à travers le *bois du Désert* jusqu'à la *route de la Minière à Versailles.* Traverser celle-ci et rentrer sous bois par le prolongement du sentier que l'on vient de quitter. Suivre ce fond de vallée jusqu'à son extrémité, où un sentier

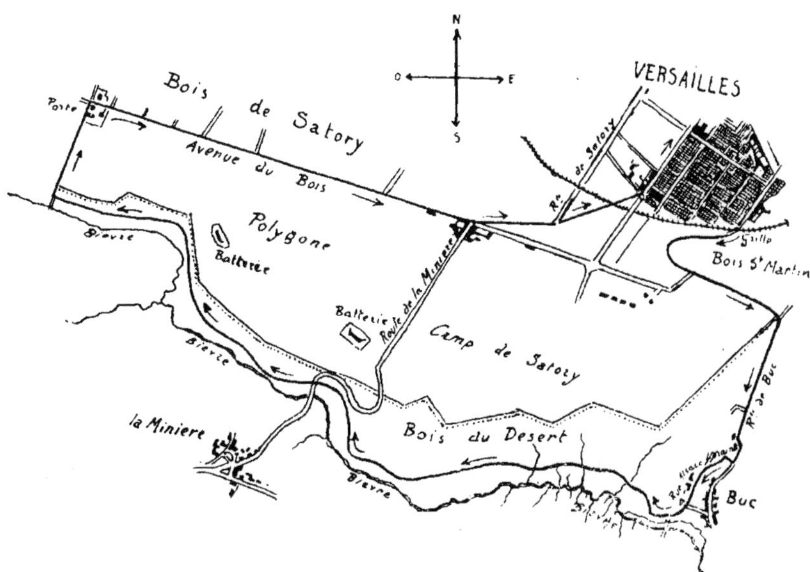

perpendiculaire à droite remonte sur le chemin qui borde le mur du *Polygone de Satory.* Entrer dans le *camp* par la *porte du bois Robert ;* suivre l'*avenue du Bois* et prendre à gauche la *route de la Minière à Versailles* qui ramènera à la *grille de Satory.*

꙰

PROMENADES A BICYCLETTE

RECOMMANDATION

Pour sortir de Versailles à bicyclette, *en évitant les rues pavées*, suivre les indications ci-après :

1° Vers **Saint-Cyr :**

Prendre le *boulevard de la Reine*, la *route de Trianon*, le bas côté de l'*allée des Matelots* vers l'embarcadère du canotage, entrer dans le parc par la grille à gauche, contourner l'extrémité du *Canal*, sortir par l'autre grille, suivre à gauche le prolongement de l'*allée des Matelots* jusqu'à la *route de Saint Cyr*, dont le trottoir de gauche est cyclable.

2° Vers le **pont Colbert :**

Descendre l'*avenue de Paris*, tourner à droite après la *grille de Versailles*, passer sous les ponts du *chemin de fer*, remonter à droite la *rue des Tribunes*, jusqu'à la *route de Choisy*, à gauche.

3° Vers **Sans-Souci :**

a) Prendre l'*avenue de Saint-Cloud*, la *rue de Provence*, la *rue du Parc-de-Clagny*, et le *boulevard de Glatigny*.
b) Monter le *boulevard du Roi* (le bord du trottoir de droite est cyclable), traverser le *carrefour du Chesnay*, prendre le *boulevard Central*, le côte droit de l'*église Saint-Antoine*, la *rue Laurent-Gaudet* à droite, l'*avenue Jeanne-d'Arc* à gauche, la *rue Dufétel* à droite, traverser la *place Edouard-Laboulaye* ; prendre, vers la gauche, la *route de la Porte-Verte* ; *place de la Paix*, tourner à gauche par le *boulevard de Glatigny*.

4° Vers la **porte Saint-Antoine :**

Suivre le *boulevard de la Reine* vers Trianon, et prendre, après la grille, la *petite avenue Saint-Antoine*, sur la droite.

Les distances sont mesurées à partir de la *place d'Armes*.

A. — Petites Promenades

1. — *But* : Étang de Saint-Quentin.

23 *kilomètres environ.*

SAINT-CYR. — ROUTE DE TRAPPES. — ÉTANG DE SAINT-QUENTIN. — BOUVIERS. — GUYANCOURT. — LA MINIÈRE. — AÉRODROME DE BUC. — BUC.

PRENDRE le bas côté gauche de la *route de Saint-Cyr* ; *porte de Saint-Cyr* ; en haut de la montée, tourner à gauche ; monter la *route de Trappes* jusqu'à l'*Institut aérotechnique de l'Université de Paris*, tourner à gauche et suivre la route, qui revient vers la droite. Aux *auberges* voisines de l'étang, laisser les machines et monter sur la digue. Revenir vers Saint-Cyr jusqu'au premier coude de la route, traverser le passage à niveau à droite, prendre le premier chemin à gauche, laisser à droite la *Batterie de Bouviers* ; traverser le village de Bouviers (**descente rapide**) et le *vallon de la Bièvre* ; monter vers Guyancourt, coude à gauche, puis à droite, traverser le village et gagner la *route de la Minière* par celle qui longe la tour de l'*Église*, suivre vers la gauche ; à la Minière, laisser la route à gauche et prendre le *chemin vicinal de Buc*, qui borde l'aérodrome et passe à quelque distance du *fort de Buc;* devant les *tribunes Blériot*, prendre la *route de Buc* à gauche (**descente**

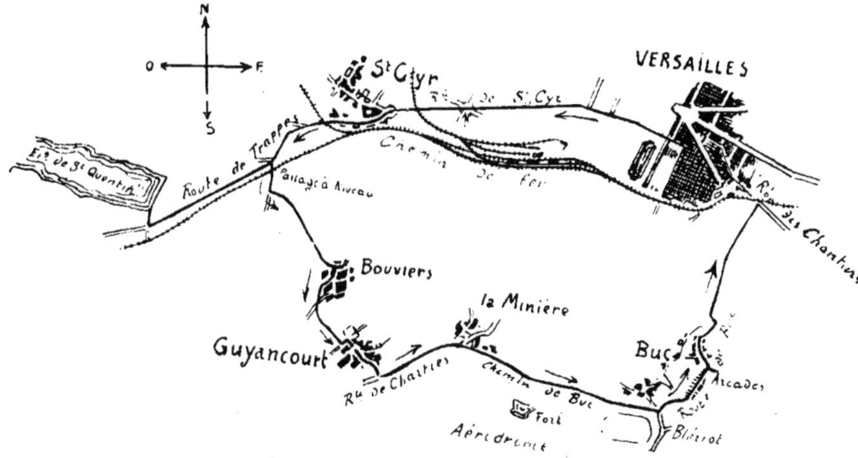

rapide); vue à droite du milieu de l'aqueduc sur la vallée de Bièvres; tourner à gauche et suivre tout droit jusqu'à Versailles, *rue des Chantiers* (**carrefour dangereux** sous les ponts du chemin de fer).

2. — But : Bièvres.

19 *kilomètres environ.*

Pont Colbert. — Hotel-Dieu. — Monteclin. — Bièvres. — Jouy-en-Josas. — Petit-Jouy. — Pont Colbert.

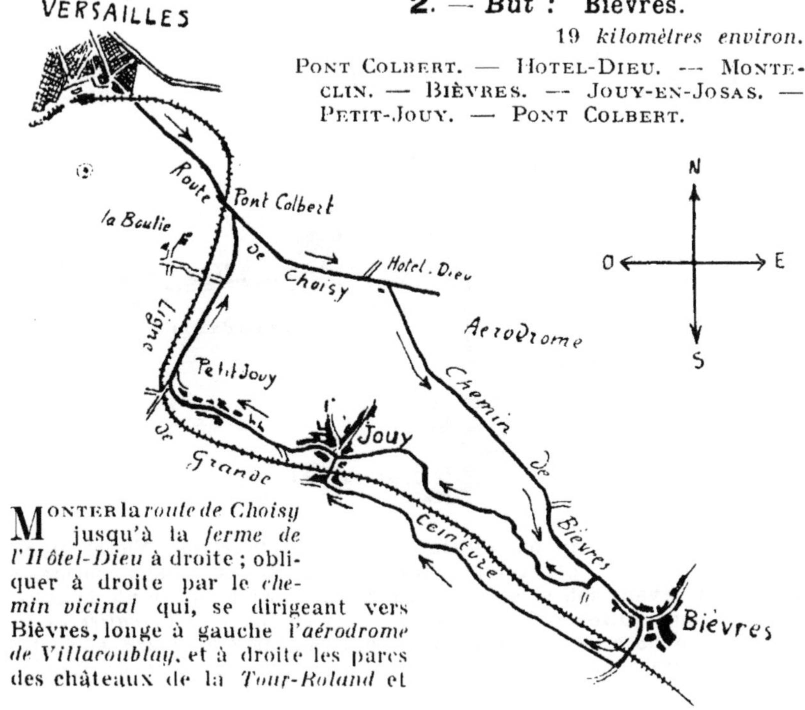

Monter la *route de Choisy* jusqu'à la *ferme de l'Hôtel-Dieu* à droite; obliquer à droite par le *chemin vicinal* qui, se dirigeant vers Bièvres, longe à gauche l'*aérodrome de Villacoublay*, et à droite les parcs des châteaux de la *Tour-Roland* et de *Montéclin ;* au tournant, avant la descente sur Bièvres, s'arrêter pour jouir un instant du **point de vue sur la vallée.** Attention, **pente rapide.**

a) Traverser le village de Bièvres et la ligne de *Grande Ceinture*, revenir par la 1re route à droite après le passage à niveau et la suivre jusqu'à Jouy; tourner à droite pour repasser la ligne;

b) ou bien gagner Jouy par la vieille route de Vauboyen, souvent encaissée, mais qui offre néanmoins de **charmantes échappées** sur la rivière et le coteau opposé ; elle s'amorce dans Bièvres au bas de la grande descente d'arrivée ; tourner à gauche puis 1re à droite.

Dans Jouy, à gauche, *Mairie* (voir *Lieux historiques*, n° III); passer devant la gare ; suivre la route vers Petit-Jouy et continuer en longeant la ligne et le *golf de la Boulie* jusqu'à la *route de Choisy* et le *pont Colbert.*

3. — *But :* Les Metz. — Villacoublay.

20 *kilomètres environ*

PONT COLBERT. — LES METZ. — VILLACOUBLAY. — VÉLIZY. — CHAVILLE. — VIROFLAY. — STATUE MAZE.

SUIVRE la *route de Choisy* et la quitter par la 1re route à droite, après la montée du *pont Colbert*, et à une quarantaine de mètres, prendre à droite le *chemin des Metz* qui longe d'abord le bois. A l'entrée du village, au bout du mur de la première villa, tourner à droite devant la mare, ensuite à gauche au bout du chemin vers le *chalet des Metz ;* après la petite place quadrangulaire devant la porte du chalet, voir à

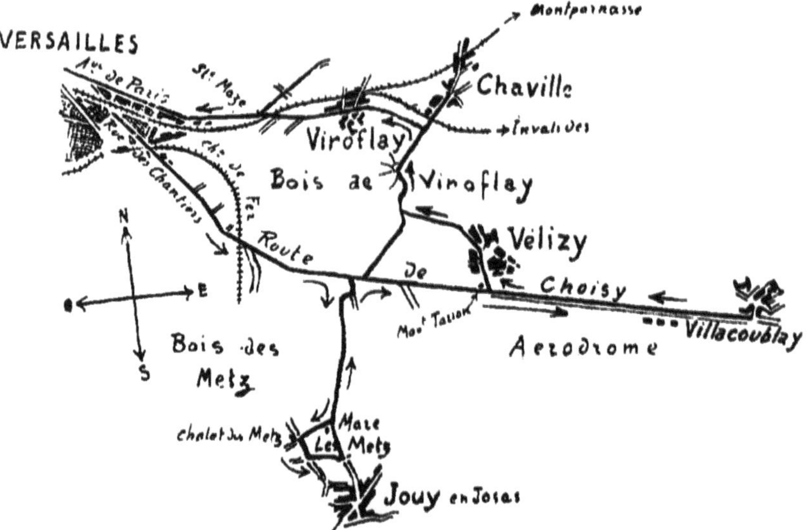

gauche la maisonnette où, dit la *plaque commémorative*, Victor Hugo séjourna en 1835 ; poursuivre jusqu'à la porte du chalet normand qu'on voit devant soi, et suivre à gauche le chemin qui borde la crête de la colline ; **jolies échappées** sur Jouy-en-Josas et la *vallée de la Bièvre ;* reprendre la 1re rue à gauche qui ramène à la mare, et continuer tout droit par le chemin d'arrivée jusqu'à la *route de Choisy.*

Tourner à droite vers Villacoublay ; suivre cette route le long de l'*aérodrome*, si l'on y trouve quelque intérêt, puis revenir sur ses pas, jusqu'au *monument* élevé à la mémoire du *capitaine aviateur Tarron ;* prendre à droite le *chemin de Vélizy*, traverser ce village, tourner à gauche après la mare pour rejoindre le chemin qui descend assez rapidement à droite à travers bois jusqu'à Chaville, tourner à gauche avant le *pont du chemin de fer* vers Viroflay ; traverser Viroflay tout droit jusqu'à l'*auberge de la Chaumière ;* descendre jusqu'aux *Six Ponts*, passer sous les lignes, et rejoindre l'*avenue de Paris* à la *statue Maze*.

4. — *But :* Parc de Saint-Cloud.

19 *kilomètres environ.*

Route de Picardie. — Étangs de Ville-d'Avray. — Les Jardies. — Parc de Saint-Cloud. — Marnes. — Cordon de Marnes. — Porte Verte.

Monter la *route de Picardie* et descendre l'autre versant; en arrivant à Ville-d'Avray, passer entre les deux étangs et contourner le plus grand vers la gauche ; revenir vers le *monument Corot* et rejoindre la *route de Saint-Cloud ;* la suivre (descente) jusqu'à l'*Eglise* de Ville-d'Avray (visiter, œuvres de Corot, de Rude et de Pradier) ; reprendre la *route de Saint-Cloud ;* la 2e rue à droite (*avenue Balzac*) conduit aux *Jardies* (voir *Lieux historiques*, n° VI) ; remonter l'*avenue Gambetta*, jusqu'à la 1re rue à gauche (*chemin Corot*) qui ramène à la *route de Saint-*

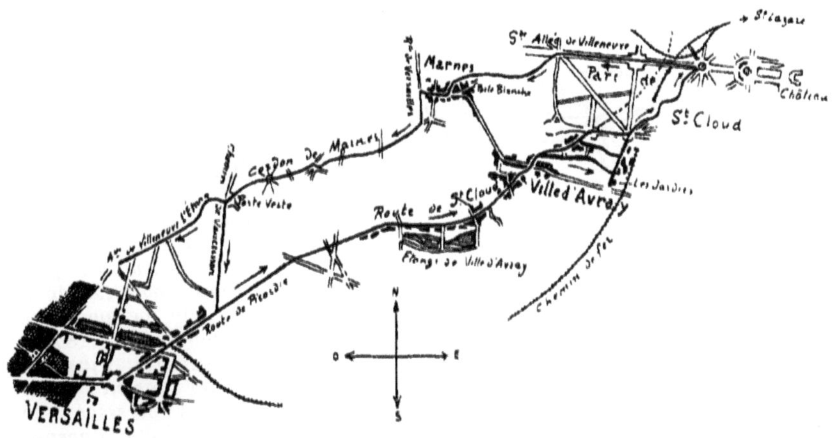

Cloud, appelée dans Ville-d'Avray *rue de Saint-Cloud ;* ne pas oublier de prendre des *cartes d'entrée* au parc de Saint-Cloud au *bureau de tabac* situé au n° 6 de cette rue ; monter jusqu'au *rond-point* et entrer dans le parc par la grille de droite (le garde contrôle les cartes). Suivre l'*allée de Versailles* jusqu'à la 1re étoile ; descendre la 3e à gauche (*allée Serpentine*) jusqu'à la *Grande Allée de Villeneuve ;* voir les *Bassins* et les *Parterres* (voir *Lieux historiques*, n° VII) ; les bicyclettes ne pénètrent pas ; remonter l'*allée de Villeneuve* jusqu'à son point d'intersection avec l'*allée des Chamillards*, puis descendre par la 3e à gauche jusqu'à la *porte Blanche*, à Marnes. Voir sur la place à droite en face la *Mairie*, le *monument de Pasteur* et l'emplacement d'un *Théâtre de Verdure ;*

suivre la *Grande-Rue* à droite jusqu'à son 1er coude ; monter à gauche la *rue de Versailles*, et suivre le *Cordon de Marnes*, à travers le *bois de Fausses-Reposes* jusqu'à la *porte Verte.* On descendra sur Versailles par *l'avenue de Villeneuve-l'Etang*, ou par la *route de Picardie*, en continuant la *route de Vaucresson* vers la gauche.

5. — *But* : Étangs de Saint-Cucufa.

20 *kilomètres environ.*

Sans-Souci. — Chemin de Vaucresson. — Le Butard. — Vaucresson. — Saint-Cucufa. — Porte de Long-Boyau. — Garches. — Villeneuve-l'Étang. — Vaucresson. — Porte Verte.

Par la *rue du Parc-de-Clagny* et le *boulevard de Glatigny*, gagner le *chemin de grande communication* qui relie *Sans-Souci* à la *route de Rocquencourt à Saint-Cloud* ; tourner à droite sur cette voie jusqu'à la *route des Puits* à gauche avant la descente ; prendre à gauche *l'allée forestière du Butard*, visiter ce charmant pavillon, revenir à la *route des Puits*, par une allée sous bois ; suivre cette route (voir *Itin. péd.* n° 10) jusqu'au *chemin de l'Empereur*, qui est le dernier à droite avant le *rond-point* ; descendre jusqu'à Saint-Cucufa (**passage dangereux**) ; passer devant *l'étang* à droite ; prendre à gauche le *chemin de Rueil* jusqu'à la *porte de Long-Boyau*, **magnifique panorama** vers la *vallée de la Seine* et la *forêt de Saint-Germain* ; *plaque commémorative* de la défense de la *porte de Long-Boyau* en 1870 ; revenir sur ses pas jusqu'à la *route forestière de Rueil à Vaucresson* ; la suivre jusqu'à *l'avenue de la Celle-Saint-Cloud* ; au bas de cette avenue, tourner à droite par la *rue Pasteur* qui rejoint la *route de Rocquencourt à Saint-Cloud*, presque en face du *château de Villeneuve-l'Etang* (*laboratoires de Pasteur*), et de *l'étang de Villeneuve* (grille voisine, on pénètre) ; continuer vers Vaucresson en passant devant *l'hôpital Brézin* à droite et le parc (converti en haras) de l'ancien *château de la Marche* à gauche ; avant la *gare de Vaucresson*, prendre à gauche le chemin qui monte vers la *porte Verte*, d'où l'on descendra sur Versailles par *l'avenue de Villeneuve-l'Etang*, ou par *l'avenue de Picardie* en continuant tout droit.

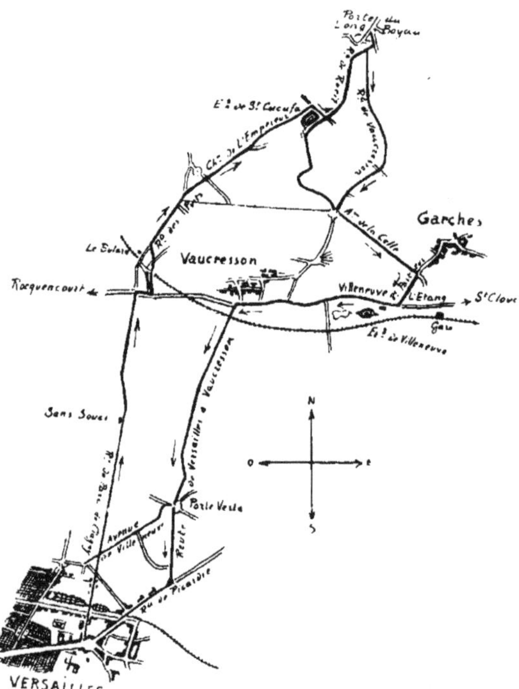

6. — But : La Malmaison. — Buzenval.

24 kilomètres environ.

Sans-Souci. — Route des Puits. — La Jonchère. — La Malmaison. — Rueil. — Chateau de Buzenval. — Monument. — Saint-Cloud. — Ville-d'Avray.

Sortir de Versailles par la *rue du Parc-de-Clagny* et le *boulevard de Glatigny ;* de *Sans-Souci*, monter le *chemin de grande communication* à travers bois jusqu'à la *route de Rocquencourt à Saint-Cloud ;* tourner à droite jusqu'à la *route des Puits ;* à gauche, le *Butard* (voir *Itin. péd.*, nº 10) ; suivre la *route des Puits* jusqu'au bout ; au carrefour prendre la *route de la Jonchère*, **superbe panorama** à gauche au com-

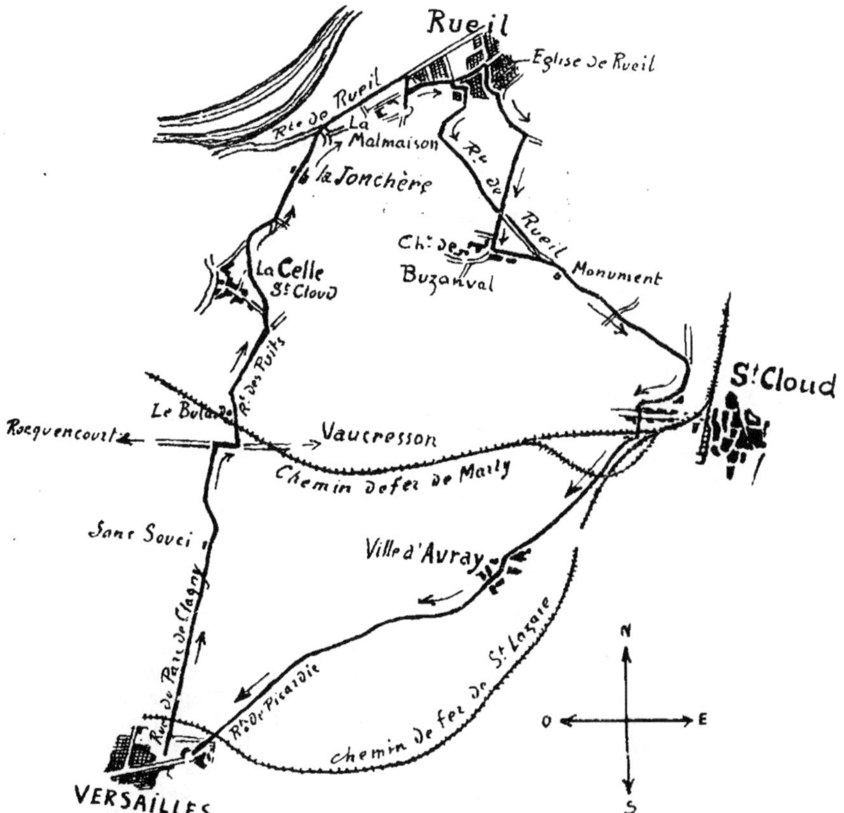

mencement de la descente ; faire grande attention, la **déclivité est extrêmement rapide**. Au bas, tourner à droite sur le trottoir cyclable de l'*avenue de Paris ;* dépasser les trois avenues successives qui pénètrent dans le *parc de la Malmaison ;* sur la *place Osiris*, prendre l'*avenue du Château* (1re à droite). (Voir *Lieux historiques*, nº VIII.)

En sortant de la grille, descendre l'*avenue du Château* jusqu'à la *rue Joséphine* (1re à droite) ; celle-ci se continue par le *boulevard de la*

Malmaison et la *rue de Marly* jusqu'à l'*église de Rueil* : entrée par le côté gauche (voir *Lieux historiques*, n° VIII).

Après la visite de l'*Eglise*, on peut gagner Buzenval par deux routes, la 2ᵉ étant peut-être un peu moins dure que la 1ʳᵉ : 1° Prendre à l'angle gauche de la place, en tournant le dos au portail, la *rue du Château*, puis le *boulevard Richelieu* qui conduit à une petite place d'où part à droite en montée rapide l'*avenue de Buzenval ;* 2° reprendre la *rue de Marly*, puis monter la rue *Charles-Floquet* (1ʳᵉ à gauche) et la *route de l'Empereur* qui y fait suite, jusqu'à l'intersection de l'*avenue de Buzenval ;* prendre celle-ci à droite jusqu'au château, maintenant *maison d'éducation*, propriété de l'œuvre de Saint-Nicolas. **On peut visiter** le parc ; s'adresser à la concierge ou à l'administration. Se faire indiquer le *monument* élevé à la mémoire *du peintre Henri Regnault*, tué à Buzenval en 1871, à la lisière extérieure de la propriété.

Par la *rue du Marquis-de-Coriolis* qui se détache à angle droit du haut de l'*avenue de Buzenval*, rejoindre la *route de Rueil à la porte Jaune ;* voir à quelques centaines de mètres à droite le *monument* érigé en 1872 à la mémoire des soldats tombés près du château ; longer ensuite l'*Hippodrome*, puis prendre la *rue de Buzenval* en prolongement de la route. Elle aboutit à Saint-Cloud, *boulevard de Versailles ;* tourner à droite par ce boulevard, traverser la *route de Rocquencourt à Saint-Cloud*, puis la *ligne de Marly*, on sera sur la *grande route de Versailles* par Ville-d'Avray. On longe le *parc de Saint-Cloud*, en passant sous un tunnel ; à Ville-d'Avray, visiter l'*Eglise* (voir *Itin. péd.* n° 9) et voir les *Etangs* (*Itin. péd.* n° 9), puis reprendre la route, monter et descendre la *côte de Picardie*.

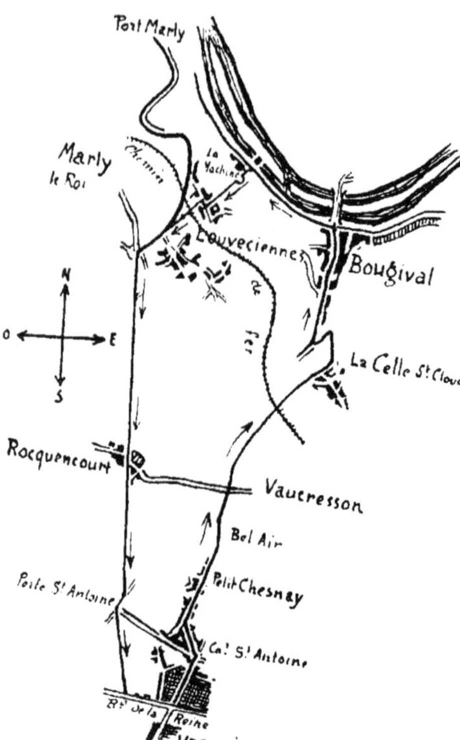

7. — But : La Machine de Marly.

18 kilomètres environ.

PETIT-CHESNAY. — BEL-AIR. — LA CELLE-SAINT-CLOUD. — BOUGIVAL. — LA MACHINE. — LOUVECIENNES. — ROCQUENCOURT. — PORTE SAINT-ANTOINE.

PRENDRE le *boulevard du Roi* et *carrefour Saint-Antoine ;* obliquer à **gauche** par la *rue de Versailles*, **qui traverse le Petit-Chesnay ; montée jusqu'à la** *route de Rocquencourt à Saint-Cloud* devant les *châteaux de Bel-Air ;* continuer tout droit vers La Celle et Bougival (pour ces deux localités, voir *Itin. péd.* n° 11). Suivre le quai vers la gauche jusqu'à la *Machine de Marly ;* le trottoir de droite, au delà des lignes de tramway, est en partie cyclable. Visiter la *Machine* (voir *Lieux historiques*, n° X).

Ici, une partie difficile ! Il s'agit de remonter sur la crête de Louveciennes. On pourrait le faire par un long détour (*le quai*, *Port-Marly* et la *route de Marly et Versailles*) ; nous conseillons néanmoins de faire un effort dur, mais court, qui consiste à pousser sa machine par le raidillon pavé, bordé d'une rampe de fer, qui grimpe à gauche de la canalisation, pour aboutir sur un chemin cyclable, qui passe devant le *pavillon du Barry*, au sommet du coteau. On sera récompensé au cours de l'ascension par une **vue superbe** sur la boucle de la Seine, Croissy, le Vésinet, Saint-Germain, etc.

Dans le village tourner à droite par la *rue de Voisins*, puis à gauche devant le *château*. La route droite qui passe sur le *pont du chemin de fer* aboutit à la *route de Versailles*, près de l'*aqueduc de Louveciennes*. On n'a plus qu'à suivre tout droit par Rocquencourt, et rentrer en ville par la *porte Saint-Antoine* et l'allée à gauche qui aboutit à la *grille du boulevard de la Reine*.

8. — But : Marly.

17 kilomètres environ.

Porte Saint-Antoine. — Rocquencourt. — Ferme du Trou d'Enfer. — Marly-le-Roi. — Parc de Marly. — Porte Royale. — Rocquencourt. — Le Chesnay.

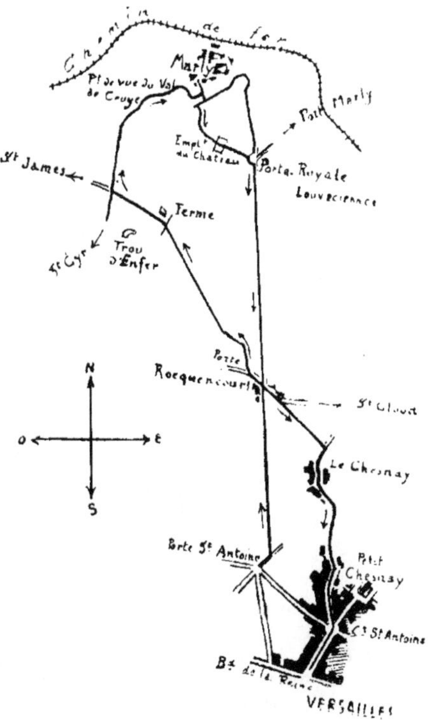

Sortir de Versailles par la *grille du boulevard de la Reine ;* gagner par la *petite avenue Saint-Antoine* la *route de Rocquencourt ;* à Rocquencourt tourner à gauche et pénétrer tout de suite à droite dans la forêt par la petite porte de bois si la grille n'est pas ouverte ; monter droit devant soi ; suivre à gauche le chemin en haut de la montée ; au carrefour, continuer entre la *ferme* et le jardin fruitier clos de murs ; immédiatement après l'*Etoile du Compas*, tourner à droite sur la *route de Saint-Cyr à Marly ;* voir à gauche le **point de vue** *du val de Cruye* sur les frondaisons de la forêt ; entrer dans Marly-le-Roi par la *porte de Marly* (maison forestière) ; s'arrêter sur la *place Victorien-Sardou ;* voir à droite l'*Eglise*, rebâtie par ordre de Louis XIV dans un style qui rappelle celui de *Notre-Dame* de Versailles et à gauche la propriété Sardou, avec sa grille monumentale (copie de la *porte de l'Entrée du Roi* au *Potager de Versailles*) et son allée que gardent dix sphinx de granit rose ; par la *rue de Saint-Cyr* descendre jusqu'à la *Grande-Rue* (tour-

nant et pente rapides) : suivre la *Grande-Rue* à droite (pavé) jusqu'à l'*avenue de Fitz-James*. On pourrait la descendre, passer devant le *Réservoir* et remonter par la *route du Cœur-Volant ;* il est plus facile et plus intéressant de pénétrer dans l'ancien parc par la porte qui se trouve près de la maison forestière en haut de l'avenue ; la grande allée où l'on s'engage conduit à l'*emplacement du château* (voir *Lieux historiques*, n° X).

On montera, pour sortir du parc, le prolongement pavé de cette allée (bas côté où l'on peut aisément pousser les machines) ; la *porte Royale*, en haut, s'ouvre sur le carrefour des routes du Cœur-Volant, de Port-Marly et de Rocquencourt ; on prendra cette dernière à droite ; à Rocquencourt, tourner à gauche et rentrer dans Versailles par le Chesnay, *route de Rocquencourt à Saint-Cloud*, *rue de l'Eglise* (1re bifurcation à droite), *rue de Versailles*, *carrefour Saint-Antoine* et *boulevard du Roi* (le bord du trottoir de gauche est cyclable).

9. — *But :* Forêt de Marly.

26 kilomètres environ.

Porte Saint-Antoine. — Rocquencourt. — Porte de la Forêt. — Ferme du Trou d'Enfer. — Route de Saint-James. — Étoile Royale. — Point de vue Saint-Michel. — Saint-Nom-la-Bretèche. — Noisy-le-Roi. — Bailly. — Rocquencourt.

Sortir de Versailles par la *grille du boulevard de la Reine ;* prendre l'allée à droite, la *porte Saint-Antoine* et la *route de Rocquencourt.*

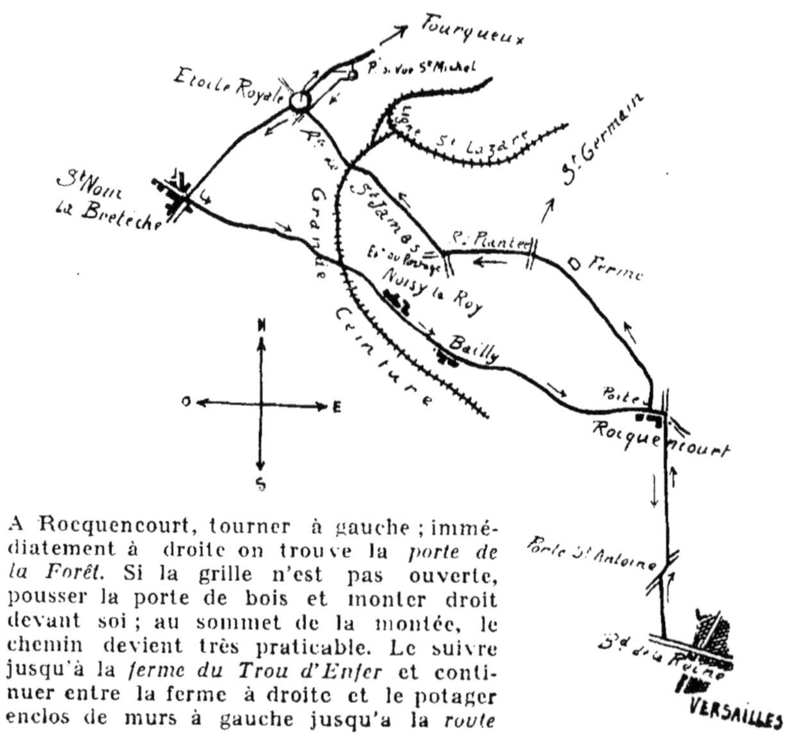

A Rocquencourt, tourner à gauche ; immédiatement à droite on trouve la *porte de la Forêt*. Si la grille n'est pas ouverte, pousser la porte de bois et monter droit devant soi ; au sommet de la montée, le chemin devient très praticable. Le suivre jusqu'à la *ferme du Trou d'Enfer* et continuer entre la ferme à droite et le potager enclos de murs à gauche jusqu'à la *route*

de Saint-Cyr à Saint-Germain : la traverser et prendre en face la *route Plantée* qui tombe à l'*Etoile du Partage* sur la *route de Fitz-James ;* suivre celle-ci jusqu'à l'*Etoile Royale ;* tourner alors à droite vers Fourqueux et par un sentier sous bois à droite (plaque indicatrice) aller voir le **point de vue** de la *Croix-Saint-Michel.* Regagner l'*Etoile Royale* par le 1er chemin à gauche en tournant le dos au point de vue, et prendre la route qui descend vers Saint-Nom-la-Bretèche. **Belle vue** sur la plaine de Saint-Cyr. Sur la route que suit le *chemin de fer de Maule à Versailles,* tourner à gauche. Traverser Noisy-le-Roi où s'élevait jadis un *château* où Mme de Maintenon avait réuni un certain nombre de jeunes filles nobles avant la création de la *Maison royale de Saint-Cyr ;* puis Bailly, dont l'*Eglise* possède une nef de 1610 et un chœur bâti par Mme de Maintenon ; enfin Rocquencourt, où l'on tournera à droite sur la *route de Saint-Germain à Versailles* pour revenir par la *porte Saint-Antoine.*

B. — Grandes Promenades

10. — But : Wideville. — Grignon.

43 *kilomètres environ.*

Porte Saint-Antoine. — Rocquencourt. — Grille de Maintenon. — Route de Marly. — Route Royale. — Saint-James. Feucherolles. — Davron. — Wideville. — Grignon. — Les Petits-Prés. — Les Clayes. — Saint-Cyr.

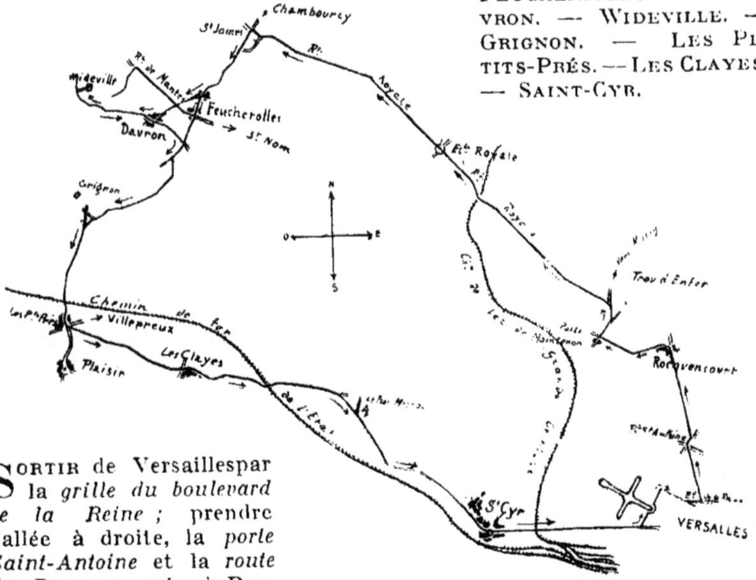

Sortir de Versailles par la *grille du boulevard de la Reine ;* prendre l'allée à droite, la *porte Saint-Antoine* et la *route de Rocquencourt ;* à Rocquencourt, tourner à gauche et suivre la *route de Bailly* jusqu'à la 1re route transversale ; prendre celle-ci à droite, à la *porte de Maintenon,* vers Marly. En haut de la montée, s'engager à gauche sur la *route de Saint-James,* qui, plus loin, prend le nom de *route Royale,* et traverser la forêt par cette voie dans toute sa longueur ; au sortir de la *porte de Saint-James*, devant la mare, tourner à droite, puis à gauche ; au 1er tournant, sur la *route de Feucherolles*, descendre jusqu'à Feucherolles (**vue magnifique** sur la plaine de Saint-Cyr, Villepreux, les Clayes, Davron) ; traverser le village ; en en sortant, avant les premiers champs à droite, prendre le chemin qui oblique vers Davron et traverse la *ligne de Maule*. A 800 mètres environ de la ligne, au croisement des *Quatre Chemins*, obliquer encore à droite vers Davron et traverser le village par la *rue de Wideville*. La grille du château est devant l'*Eglise* (voir *Lieux historiques*, n° XI). Si l'on ne visite pas, poursuivre le long du mur de clôture jusqu'à une large grille d'où l'on a une belle vue du château.

Revenir par la *rue de Wideville*, aux *Quatre Chemins*, suivre tout droit pour rejoindre la *route de Feucherolles à Grignon*, qu'on prendra à droite (montées assez dures). On descend jusqu'à l'*Ecole de Grignon* par une avenue à droite (voir *Lieux historiques*, n° XII).

Dès qu'on sera revenu sur la hauteur, la route de retour sera relativement facile. Elle passe sous la *ligne de Dreux* (gare de Plaisir-Grignon), tourne à gauche à l'*Asile des Vieillards* des Petits-Prés, et bifurque presque aussitôt, le chemin de gauche allant à Villepreux, celui de droite, que l'on prendra, se dirigeant sur les Clayes, la *ferme du Trou Moreau*, fortifiée en 1914, et Saint-Cyr-l'École. On tourne à gauche par l'*allée des Matelots* pour rentrer par l'*allée de Trianon* et la *grille du boulevard de la Reine*.

11. — *But :* Montfort-l'Amaury.

58 *kilomètres environ.*

SAINT-CYR. — TRAPPES. — ÉLANCOURT. — ERGAL. — JOUARS. — LES MOUSSEAUX. — LE TREMBLAY-SUR-MAULDRE. — BAZOCHES. — MONTFORT-L'AMAURY. — MÉRÉ. — MAREIL-LE-GUYON. — LE PONTEL. — PONTCHARTRAIN. — NEAUPHLE-LE-CHATEAU. — LES GATINES. — BOIS D'ARCY. — SAINT-CYR.

GAGNER Saint-Cyr et Trappes par la route ordinaire. A 300 mètres de Trappes (rue assez bien pavée), prendre à droite le *chemin d'Elancourt ;* charmant vallon qui s'ouvre sur la *vallée de la Mauldre ;* voir dans la vieille *Eglise* d'Élancourt un chœur très intéressant, et à droite en sortant du village le bel *orphelinat de l'Etang ;* on traverse Ergal ; à l'*Eglise* de Jouars tourner à gauche vers les Mousseaux, et à l'extrémité du pays, à droite vers le Tremblay-sur-Mauldre (beau château), Bazoches et enfin Montfort-l'Amaury, où l'on accède par la *rue de Versailles* et la *rue de Paris ;* monter celle-ci vers la gauche (voir *Lieux historiques*, n° XIV).

Redescendre la *rue de Paris*, suivre tout droit jusqu'à l'*Hôtel de la Sortie de Montfort*, tourner à droite vers Méré (*buste de Quesnay*, médecin de Louis XV et célèbre économiste, né dans ce village en 1694). Sur la *place Quesnay*, près de l'abside de l'*Eglise*, prendre le chemin de Mareil-le-Guyon ; après l'église, tourner à gauche et rejoindre la *grande route ;* la suivre à droite vers le Pontel, et à droite encore vers Pontchartrain. Sur le *rond-point*, un chemin direct, assez mauvais, conduit à droite devant le château (voir *Lieux historiques*, n° XIII).

Prendre vers Neauphle la *route de Chevreuse* (2e à gauche en tournant le dos à la grille) ; traverser Pontchartrain ; montée très pittoresque vers Neauphle à travers des champs fleuris. On arrive sur la *route de Saint-Germain ;* prendre à droite. **Très beau point de vue** sur le bassin de la Mauldre.

Au tournant de la *route de Saint-Germain*, on peut s'avancer de quelques mètres sur *l'avenue Chatron* et prendre le 1er chemin à gauche. Après la dernière villa, on jouit d'un **panorama** encore plus étendu.

Reprendre la *route de Saint-Germain* vers le haut de la ville. La *rue Saint-Nicolas* à droite conduit à *l'Eglise*, en partie du XIIIe siècle, à l'emplacement de l'ancien *château* et à la *cour de la Mairie* d'où l'on a encore une **vue superbe.** Par la *place du Marché*, la *Grande-Rue* à gauche et la *rue Saint-Martin* à droite, on gagne la *place Mancest* au carrefour des *routes de Saint-Germain et de Versailles ;* prendre à droite cette dernière (*avenue de la République*) qui traverse le *bois de Sainte-Apolline.*

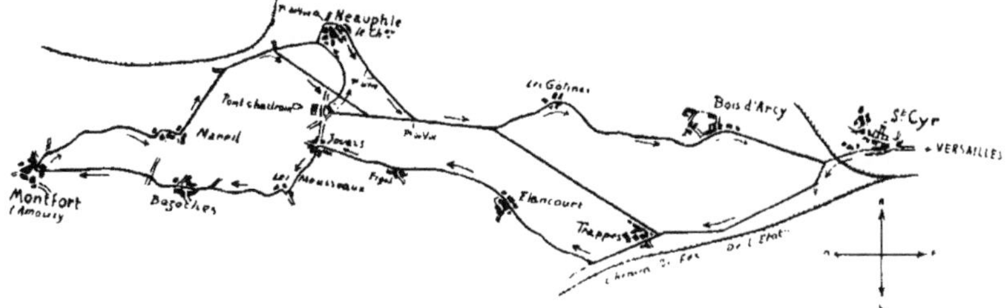

Les amateurs de **points de vue** en auront un merveilleux encore en pénétrant sous bois à la 1re barrière blanche à droite par le sentier qui oblique vers le haut de la sablière (ne pas s'approcher du bord), continuer le sentier en prolongement pour regagner la route.

Sur le grand rond-point où se raccordent les *routes de Neauphle et de Pontchartrain*, on peut encore descendre à droite de quelques mètres sous bois et avoir une **belle échappée** sur le vallon d'Ergal et le donjon de Maurepas.

Il ne reste plus qu'à suivre directement pour rentrer la grande route droite jusqu'à Trappes, ou à bifurquer à gauche vers les Gâtines et Bois d'Arcy par la route qui rejoint celle de Trappes à Saint-Cyr, près de *l'Institut aérotechnique de l'Université de Paris.*

12. — *But :* Port Royal. — Château de la Madeleine.

46 *kilomètres environ.*

SAINT-CYR. — TRAPPES. — MONTIGNY-LE-BRETONNEUX. — LE MANET. — PORT-ROYAL. — BOIS DE LA MARE-AU-BENIÈRE. — CHATEAU DE LA MADELEINE. — MILON-LA-CHAPELLE. — SAINT-LAMBERT-DES-BOIS. — MAGNY-LES-HAMEAUX. — VOISINS-LE-BRETONNEUX. — GUYANCOURT. — LA MINIÈRE.

PAR Saint-Cyr gagner la *gare de Trappes* (1re avenue à gauche en entrant dans Trappes) ; traverser la ligne au passage à niveau après la gare ; suivre la *route de Voisins* jusqu'à Montigny-le-Bretonneux ; tourner à droite par le bas côté cyclable du chemin pavé qui mène au Manet ; tourner à gauche et suivre, le long du mur du *château*, le chemin neuf qui rejoint la *route de Versailles à Dampierre ;* à droite on aperçoit les *Granges*, propriété privée qu'on ne visite pas (voir *Lieux historiques*, n° XV) ; descendre par la *route de Dampierre* à droite jusqu'au fond du vallon ; une plaque de bois indique le sentier qui mène aux ruines du *monastère* (voir *Lieux historiques*, n° XV). Revenir à la route et la monter, à droite, en direction de Dampierre. A 1 500 mètres environ, tourner à gauche par le joli chemin qui traverse le *bois de la Mare-au-Benière* et aboutit exactement à la porte de la ferme qui donne accès au *château de la Madeleine* (voir *Lieux historiques*, nº XVII).

En sortant, contourner la petite mare à droite ; au bout des maisons prendre à gauche le chemin qui traverse les champs et les bois vers Milon-la-Chapelle ; attention, **descente très rapide,** coupée de ban-

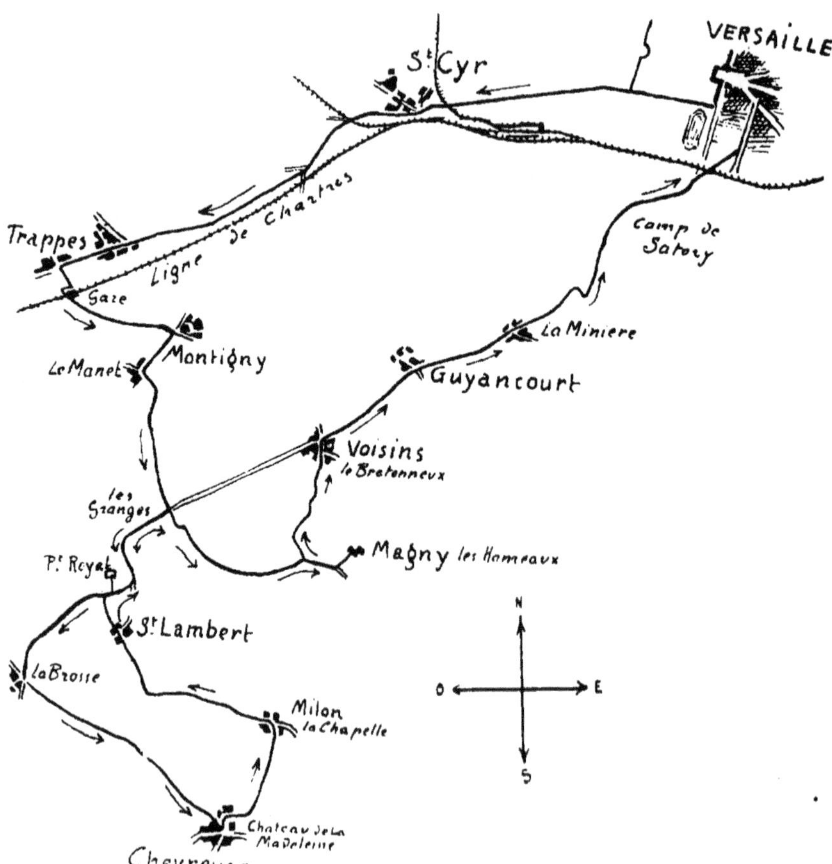

des de pavé. A Milon, tourner à gauche vers Saint-Lambert-des-Bois ; y voir les *Fondations Silvy*, et dans le petit *cimetière* sur la hauteur à gauche au pied de l'*Eglise*, le *monument* à la mémoire des sœurs et des messieurs de Port-Royal exhumés et jetés là pêle-mêle en 1712.

Rejoindre la *route de Dampierre à Versailles* en face du *manoir de Vaumurier* et du *sentier de Port-Royal ;* remonter à droite jusqu'au *chemin de Magny-les-Hameaux* à droite et gagner ce village dont l'*Eglise* renferme, avec des stalles de chêne sculpté du XVIe siècle provenant de l'*abbaye des Vaux-de-Cernay*, trente pierres tombales, dont celle d'Arnauld d'Andilly, transférée du *cimetière de Port-Royal* au moment de sa profanation.

Si l'église est fermée, s'adresser au sacristain, ancienne maison des sœurs (grand portail blanc avec marteau dans la rue d'arrivée, à 200 m. environ).

En sortant de l'église, revenir sur ses pas et prendre à droite le *chemin de Versailles* (plaque indicatrice) qui descend par la *Butte-au-Chêne* au fond du vallon et remonte en lacets vers Voisins-le-Bretonneux ; dans ce village, tourner à gauche, puis à droite, après l'*Eglise*, vers Guyancourt qu'on laisse à gauche et la Minière. **Descente rapide et pavée** jusqu'au fond de la *vallée de la Bièvre ;* montée rude jusqu'au *camp de Satory;* après le camp, descendre à droite jusqu'à la *grille de Satory* et la *rue du Maréchal-Joffre.*

13. — *But :* Dampierre. — Cernay.

56 *kilomètres environ.*

SAINT-CYR. — TRAPPES. — L'AGIOT. — LE MESNIL-SAINT-DENIS. — LÉVY-SAINT-NOM. — MAINCOURT. — DAMPIERRE. — LES VAUX-DE-CERNAY. — CERNAY-LA-VILLE. — CHEVREUSE. — SAINT-RÉMY. — CHATEAUFORT. — TOUSSUS-LE-NOBLE. — BUC.

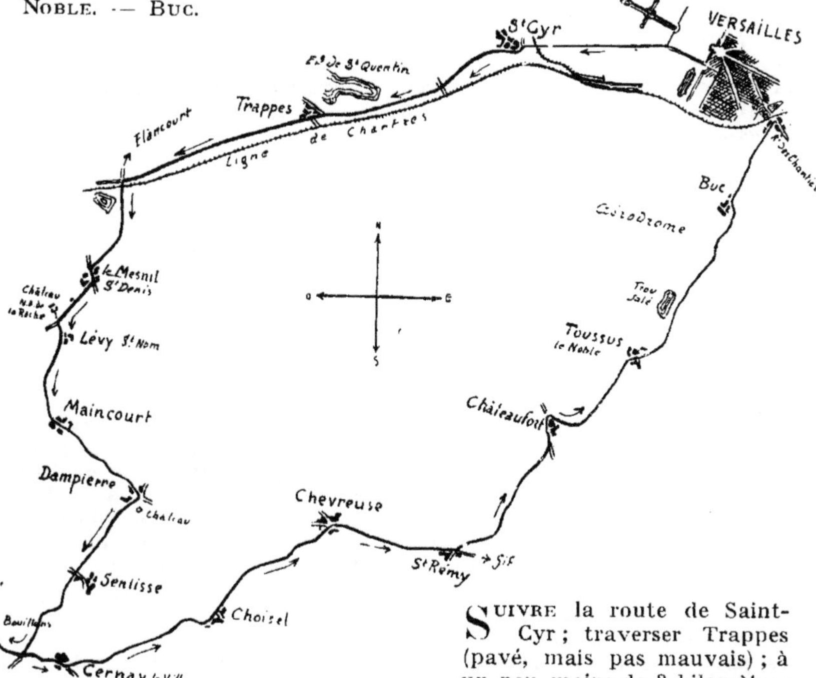

SUIVRE la route de Saint-Cyr ; traverser Trappes (pavé, mais pas mauvais) ; à un peu moins de 3 kilomètres à gauche, passer sur la ligne par la *route d'Elancourt au Mesnil-Saint-Denis,* qui aboutit *rue Ernest-Picard ;* prendre à gauche et tourner à droite par la 1re route vers Dampierre. On passe devant le *château* et devant l'*Orphelinat agricole de Notre-Dame-*

de-la-Roche, restes d'un prieuré d'Augustins (on **visite** l'*Eglise* et la *salle capitulaire*) ; puis la route descend en lacets à travers bois jusqu'au village éparpillé de Lévy-Saint-Nom ; on passe sur l'*Yvette* dont on suit la délicieuse vallée jusqu'à Dampierre, en traversant Maincourt. A Dampierre tourner à droite et s'arrêter au *château* (voir *Lieux historiques*, n° XVI) et à l'*Eglise* (tombeaux des membres de la famille de Luynes).

Après l'église, la route continue vers les *Bouillons-de-Cernay*, à droite après le tournant et le petit pont : poursuivre jusqu'au *restaurant Léopold*, et tourner à droite. A 2 k. 4, l'*Abbaye des Vaux-de-Cernay* ; longer le mur et tourner à droite sous les deux arcades (voir *Lieux historiques*, n° XVI).

Revenir sur ses pas; au *restaurant Léopold* traverser la *route de Dampierre* et monter jusqu'à Cernay-la-Ville. Au fond de la *place* entourée de cafés et de restaurants fréquentés par les artistes, prendre à gauche la *route de Chevreuse ;* très belle descente ; traverser Chevreuse par les *rues de Rambouillet* et *de la Mairie*. Laisser les machines dans un hôtel et monter visiter le *château de la Madeleine* (voir *Lieux historiques*, n° XVII).

Continuer jusqu'à Saint-Rémy ; dans Saint-Rémy tourner à gauche et suivre la route jusqu'à celle de Châteaufort à gauche; montée dure, puis **descente rapide** sur Châteaufort, dont on admire les maisons et l'*Eglise*, perchées sur la hauteur. Montée fatigante vers Toussus-le-Noble ; au 1er carrefour, dans Toussus, tourner à droite, puis devant la mairie, à gauche, et longer l'aérodrome (**visiter** l'*Aérodrome Farman*) ; continuer jusqu'à l'*Aérodrome Blériot ;* **descente rapide** jusqu'aux *arcades de l'Aqueduc ;* traverser Buc et rentrer dans Versailles par cette *route de Buc* qui débouche — **endroit dangereux** — sous les ponts du chemin de fer *rue des Chantiers*.

14. — *But :* Gif. — Palaiseau.

44 kilomètres environ.

BUC. — TOUSSUS-LE-NOBLE. — CHATEAUFORT. — GIF. — BURES. — ORSAY. — PALAISEAU. — IGNY. — BIÈVRES. — JOUY-EN-JOSAS. — PETIT-JOUY. — PONT COLBERT.

SORTIR de Versailles par la *rue des Chantiers* et la *route de Buc* sous le pont du chemin de fer (**tournant dangereux**). Aux *arcades de l'Aqueduc*, tourner à droite ; à gauche du milieu de l'*Aqueduc*, joli **point de vue** sur la *vallée de la Bièvre*. Monter jusqu'à l'*Aérodrome* de Buc; le longer à gauche jusqu'à l'*Aérodrome Farman* (**visiter**); à la *Mairie* de Toussus-le-Noble, prendre à droite ; puis, dans le village, la 1re route à gauche et suivre celle-ci jusqu'au croisement avant la descente ; tourner à droite vers Châteaufort, traverser la *place*, puis s'engager sur le petit chemin à gauche de la *Mairie* et le suivre jusqu'à l'*Eglise*. Beau **point de vue** en face sur le *château de la Geneste*, à droite et surtout à gauche sur la *vallée de la Mérantaise*. Revenir sur ses pas jusqu'au 1er chemin à droite qui descend très rapidement (attention, **tournants dangereux**) jusqu'à la *route de Saint-Rémy*, à la Trinité ; prendre la *grande route* à droite, puis le *chemin de Gif*, qui est le 1er à gauche. Laisser à gauche la *route de Villiers-le-Bâcle*, à droite un chemin qui oblique, traverser la *route de Saclay*, et l'on arrive à Gif. Si l'on tourne à gauche sur la grande route, on traverse le village ; mieux vaut continuer tout droit par le petit chemin en face, qui traverse l'*Yvette* et le *chemin de fer*, pour longer le mur d'enceinte de l'*ancienne Abbaye*. A la vieille et curieuse porte du XIIe siècle, entrer ; on visite. (Pourboire.) Les ruines font partie de la propriété de Mme J. Adam et comprennent les ruines de l'antique *église*, quelques arcades du vieux *cloître des Bénédictins* et les restes d'une curieuse *crypte*. L'*Abbaye de Notre-Dame du Val-de-Gif*, prospère au XVIIe siècle surtout, mais devenue le foyer d'un jansénisme suspect, fut supprimée au XVIIIe par le cardinal Fleury, et tombait déjà en ruine à la Révolution. En sortant, continuer à longer le mur vers la gauche ;

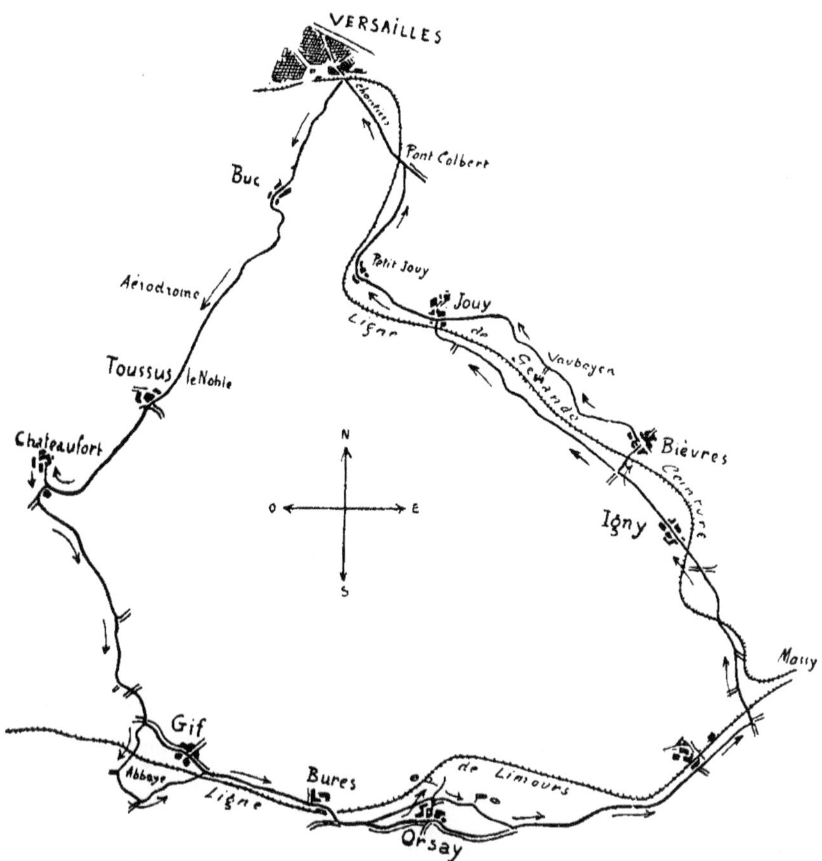

passer sous la ligne, et reprendre la *grande route* à droite vers Bures. On traverse de nouveau le *chemin de fer*, et à 0 k. 700 on trouve une bifurcation à l'entrée d'Orsay. La route de droite passe par la ville, pavée d'un bout à l'autre ; celle de gauche, recommandée, passe par la gare et aboutit à l'*Eglise*. En descendant à gauche sur la *route de Saclay* et passant par le 1er chemin à gauche sous la ligne, on arrive au *canal* et à l'*Yvette*, recoin verdoyant fréquenté par les Parisiens ; en revenant sur ses pas vers l'*Eglise*, on prendra à gauche l'*avenue Saint-Laurent* ; les trois rues amorcées à gauche à travers le parc (ancien emplacement du *château d'Orsay*, démoli au commencement du XIXe siècle) conduisent à une terrasse qui borde l'*Yvette*, à de gracieux étangs et à une villa surmontée d'un petit *Temple de la Gloire*, à colonnes ioniques, dédié au vainqueur de Hohenlinden, le général Moreau, par sa belle-mère, Mme Hulot. Remonter à droite de cette villa par l'*avenue des Lacs* jusqu'à l'*avenue Saint-Laurent*, qui retombe à gauche sur la *grande route de Palaiseau* : pavé, mais trottoir cyclable.

Traverser Palaiseau par la longue *rue de Paris* ; pavé assez mauvais. A la hauteur de la *place de la Mairie*, sur laquelle s'élève la *statue* du jeune héros *Joseph Bara*, né dans cette ville en 1779 et mort à 14 ans victime des Vendéens, la *rue du Four*, à droite, conduit à l'*avenue George-Sand* où, à 100 m. à droite s'élève une villa quelque temps habitée par l'illustre romancière.

Derrière la *Mairie*, de l'autre côté du chemin de fer, l'*Eglise* du XVe siècle avec portail du XIIe mérite une visite. De l'église, si l'on veut jouir d'un **point de vue magnifique** sur la *vallée de l'Yvette* depuis Chevreuse à droite jusqu'au confluent de l'*Orge* à gauche, gravir la colline par le *chemin du Fort*.

Revenant à la *rue de Paris* et continuant à la monter, on voit au n° 93 la *villa* où vécut *Tronchet*, le défenseur de Louis XVI, et qui contient des souvenirs du célèbre jurisconsulte. On ne visite pas.

Sur l'*étoile* de routes à la sortie de Palaiseau, prendre celle de gauche pour regagner Versailles par la *vallée de la Bièvre*, qui ne le cède guère en grâce pittoresque à celles de Châteaufort et de Chevreuse. La route s'entrelace au *chemin de fer de Grande Ceinture*, traverse Igny, Bièvres et Jouy, pour rejoindre le *pont Colbert*. De Bièvres à Jouy, le choix s'offre entre deux routes : 1° l'une directe au fond de la vallée à gauche de la ligne ; 2° l'autre à droite, plus pittoresque, mais plus dure, par Bièvres et Vauboyen et que l'on gagne en tournant à droite sur la *route de Saclay au Petit-Bicêtre*, en traversant Bièvres parallèlement à la rivière jusqu'au bas de la *route de Montéclin* et en tournant alors à gauche, puis presque aussitôt à droite.

Dans Jouy, à gauche, *Mairie* (voir *Lieux historiques*, n° III), suivre la route devant la gare vers Petit-Jouy et continuer tout droit en longeant la ligne et le *golf de la Boulie*, jusqu'à la *route de Choisy*, et à gauche le *pont Colbert*.

15. — *But :* L'Hay.

12 kilomètres environ.

PONT COLBERT. — VILLACOUBLAY. — FERME DE MALABRY. — ROBINSON. — SCEAUX. — BOURG-LA-REINE. — L'HAY. — LA CROIX-DE-BERNY. — ANTONY. — VERRIÈRES. — BIÈVRES. — JOUY-EN-JOSAS. — BUC.

PRENDRE la *route de Choisy* ; longer l'*aérodrome de Villacoublay* ; à gauche, *monument* à la mémoire du *capitaine Tarron*, tué en aéroplane ; au Petit-Bicêtre, continuer tout droit jusqu'à la *ferme de Malabry* ; tourner à gauche par la *route de Robinson* ; avant la descente, **vue magnifique** à droite sur Sceaux, Bourg-la-Reine, la vallée inférieure de la *Bièvre* et la plaine de la *Seine* ; guinguettes, bals et arbres de *Robinson* à droite et à gauche au bas de la route, tourner à droite et traverser la ville de Sceaux dans toute sa longueur par la *rue Houdan* ; avant l'*Eglise*, **visiter** le *Parc* à gauche (voir *Lieux historiques*, n° XVIII) ; le long de l'église à droite, remarquer les *bustes des Félibres* ; plus loin, à droite, on longe le *lycée Lakanal* et son magnifique parc ; au n° 14 de l'*avenue Victor-Hugo* qui continue la *rue Houdan* sur le territoire de Bourg-la-Reine, remarquer la *villa du Bois-*

Fleuri où mourut André Theuriet le 23 avril 1907. Traverser la *route d'Orléans ;* prendre en face l'*avenue Galois* et l'*avenue Larroumès* qui la prolonge, et monter celle-ci jusqu'au portail de la propriété de M. Gravereaux, à droite, pour visiter l'incomparable roseraie (voir *Lieux historiques*, n° XIX).

Redescendre l'*avenue Larroumès* et prendre la 1re route à gauche après le tournant : elle suit la *Bièvre* jusqu'à la *route de Choisy ;* sur cette route, à gauche, la *prison de Fresnes ;* en face, 2 chemins bifurquent ; prendre celui de droite qui mène, à droite, au *pont d'Antony*. Traverser la *route d'Orléans* et suivre successivement les *rues de la Mairie* (passage à niveau) et *de Châtenay*. La 3e à gauche après la ligne est la *route de Verrières ;* on la montera jusqu'au *chemin vicinal* n° 3 qui abou-

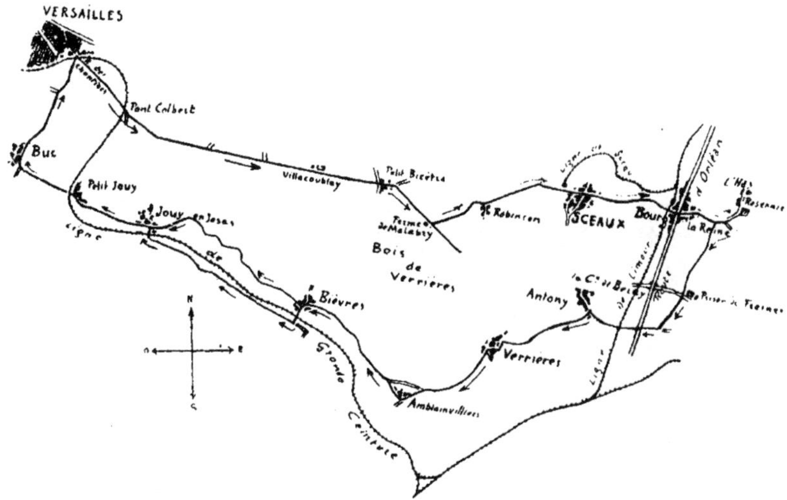

tit dans ce village à la *rue d'Antony* entre les *pépinières Vilmorin*. A l'extrémité de la *rue d'Antony*, tourner à droite, puis à gauche par la *rue de Paris*. On en aura fini avec les artères pavées, trop fréquentes sur cet itinéraire. A la *croix*, suivre à gauche vers Amblainvilliers ; sur la petite place, en bas de la **descente rapide**, tourner à droite vers Bièvres. A gauche, **belle vue** sur Igny et les coteaux de l'autre rive de la *Bièvre*. Traverser Bièvres par les rues de l'*Eglise*, *de Paris* et *de Versailles ;* au bas de la route qui monte à Montéclin, tourner à gauche, puis prendre (1re à droite) la *vieille route de Jouy* par Vauboyen ; souvent encaissée, elle offre de temps à autre de **charmantes échappées** sur la vallée et les coteaux des Loges-en-Josas ; à Jouy, *Mairie* à gauche (voir *Lieux historiques*, n° III), suivre l'avenue devant la gare ; au bout, incliner à droite par les *rues d'Orléans* et *de Versailles* jusqu'à Petit-Jouy, passer sous la *ligne de Grande Ceinture* à gauche et prendre la 1re route à droite en bordure du *bois des Gonards*, jusqu'aux *arcades de Buc ;* on n'a plus qu'à suivre tout droit par Buc pour arriver à la *rue des Chantiers*, sous les ponts du chemin de fer (**carrefour dangereux**).

16. — *But :* Le Vésinet.

33 kilomètres environ.

Sans-Souci. — Le Butard. — La Celle-Saint-Cloud. — Bougival. — Croissy. — Chatou. — Le Vésinet. — Le Pecq. — L'Ermitage. — Marly-le-Roi. — Rocquencourt. — Porte Saint-Antoine.

Gagner *Sans-Souci* par l'itinéraire indiqué p. 102 (*Recommandation*). Monter le *chemin de grande communication* qui mène à la *route de Rocquencourt à Vaucresson ;* tourner à droite, puis prendre à gauche la *route des Puits.* A gauche, voir en passant le charmant pavillon de chasse du Butard (voir *Itin. péd.* n° 10). A l'extrémité de la *route des Puits*, après l'étang, prendre à gauche le *chemin de la Celle ;* **descente rapide** par la *rue de Vindé* jusque sur la *place de l'Eglise* (voir *Itin. péd.* n° 11) ; prendre ensuite la *rue de la République* qui rejoint la *route de Versailles à Bougival* (*monument commémoratif* à droite ; voir *Itin. péd.* n° 11) ; descendre jusqu'au quai, après avoir visité l'*Eglise de Bougival* (voir *Itin. péd.* n° 11) ; continuer tout droit ; après le 1er pont, dans l'île, *Bal et Guinguette des Canotiers*, traverser le 2e bras de la Seine et prendre immédiatement à droite le *chemin de halage* qui longe les charmantes villas de Croissy ; à droite dans l'île, la célèbre *Grenouillère* (passeur) ; continuer vers Chatou, en passant sous le pont du chemin de fer ; monter à gauche avant le *pont de Chatou* la rue qui longe l'*Eglise* de cette localité, et suivre tout droit (quelques centaines de mètres de pavé) la *rue de St-Germain* continuée dans le Vésinet par le *boulevard Carnot.* Au 1er rond-point, obliquer à droite par l'*avenue du Belloy* vers le *Lac supérieur* et *sa cascade;* suivre à gauche la rivière artificielle par l'*avenue des Ecoles* qui aboutit au *Grand Lac ;* l'accès de l'île est libre ; il est toutefois interdit d'y circuler à bicyclette ; rejoindre le *boulevard Carnot* par la grande *allée des Fêtes* ou par la *rue Diderot*, à gauche ou à droite d'une propriété imitée des Trianons ; suivre le *boulevard Carnot* jusqu'au *pont du Pecq*, d'où l'on a une **belle vue** à gauche sur les coteaux de Louveciennes, en face sur Saint-Germain, à droite sur la terrasse, la forêt et le viaduc du

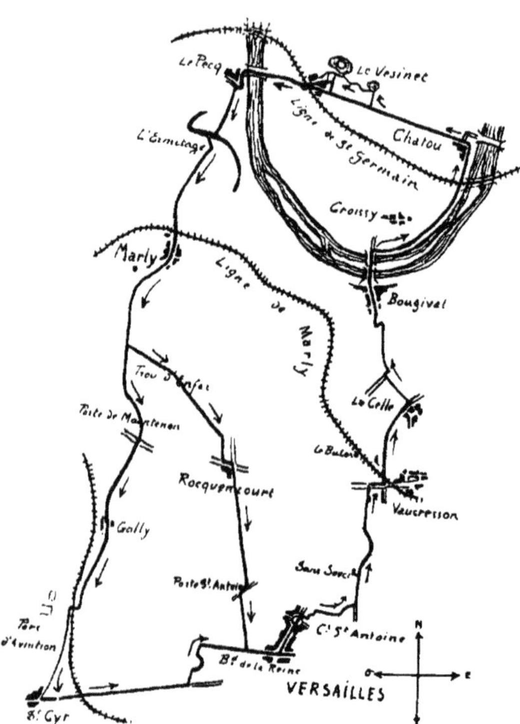

chemin de fer. Après le pont tourner à gauche par le *quai Maurice-Berteaux*, puis à droite par la *rue de Paris* et à gauche par la *rue Carnot* qui mène à la *route de Port-Marly à Saint-Germain*, à l'*Ermitage*, presque en face de l'amorce de la *route de Saint-Cyr ;* prendre celle-ci; sous le nom de *rue de Saint-Germain*, elle traverse Marly-le-Roi et le chemin de fer ; suivre ensuite la *rue Alexandre-Dumas*, à droite, que continue la *rue de l'Eglise ;* sur la *place*, voir à droite l'entrée de la *propriété Sardou* avec sa grille monumentale et sa double rangée de sphinx de granit rose ; poursuivre la route à travers la *forêt de Marly*, voir à droite le **point de vue** *du val de Cruye ;* à la hauteur de la *route Plantée :* 1° ou bien tourner à gauche par l'*Étoile du Compas* vers la *ferme du Trou d'Enfer ;* suivre le chemin qui oblique légèrement à droite et tourne enfin à l'extrémité du plateau pour descendre à la *porte de Rocquencourt ;* la *route de Rocquencourt*, la *porte Saint-Antoine* et la *petite avenue Saint-Antoine* ramenèront à la *grille du boulevard de la Reine.*

2° ou encore suivre tout droit, descendre jusqu'à la *porte de Maintenon* (**attention au croisement**) ; traverser la *route de Rocquencourt* et prendre celle de *Saint-Cyr*. Celle-ci longe la *ferme de Gally*, traverse la *ligne de Grande Ceinture* (**vue** à gauche sur le parc et le château de Versailles), arrive aux hangars des dirigeables du *camp d'aviation de Saint-Cyr* et débouche enfin sur la *route de Saint-Cyr à Versailles*, que l'on suivra jusqu'à l'*allée des Matelots* pour rentrer en ville par l'*allée de Trianon* et la *grille du boulevard de la Reine.*

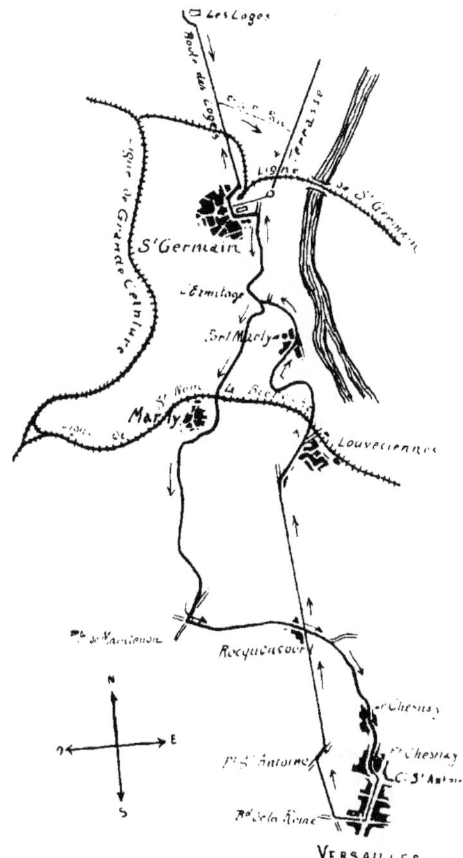

17. — But : Saint-Germain. — Les Loges

34 *kilomètres environ.*

Porte Saint-Antoine. — Rocquencourt. — Port-Marly. — Saint-Germain. — Les Loges. — La Terrasse. — L'Ermitage. — Marly-le-Roi. — Porte de Maintenon. — Rocquencourt. — Le Chesnay.

Sortir de Versailles par le *boulevard de la Reine*, la *petite avenue Saint-Antoine* et la *porte Saint-Antoine ;* suivre droit devant soi la grande route qui passe par Rocquencourt, laisse Louveciennes à droite et descend par de vastes lacets jusqu'à Port-Marly et l'Ermitage ; une longue montée conduit à Saint-Germain, *avenue*

Gambetta ; tourner à gauche par la *rue Thiers* qui longe le *Château ;* sur la place, entrée du *Musée* (voir *Lieux historiques*, n° IX). Visiter l'*Eglise* (la 1re chapelle à droite, ornée par la reine Victoria, contient le tombeau de Jacques II, édifié en 1818 par le régent, futur George IV). Gagner la *route des Loges*, par la *rue de la Paroisse*, puis à droite, la *rue de Pontoise;* la suivre jusqu'à la *Maison d'Education de la Légion d'honneur* (voir *Lieux historiques*, n° IX). Revenir par la même route jusqu'à celle du *Petit-Parc*, qui oblique à gauche vers une petite porte qui donne accès sur la fameuse *Terrasse* (quelques marches, et un sentier en pente douce). Suivre la terrasse vers la droite jusqu'au *Pavillon Henri IV*, tourner à droite, prendre à gauche la *rue Le Nôtre*, l'*avenue Gambetta* et redescendre jusqu'à l'Ermitage : la rampe de la *route de Saint-Cyr* se détache bientôt à droite de celle de Port-Marly ; gravir cette montée jusqu'à Marly-le-Roi ; après le passage à niveau, continuer tout droit jusqu'à la *rue Alexandre-Dumas* à droite ; suivre celle-ci et la *rue de l'Eglise* jusqu'à la *place Victorien-Sardou ;* passer devant la grille de la propriété du grand auteur dramatique ; pénétrer dans la *forêt de Marly*, voir à droite le **point de vue** du *val de Cruye*, descendre jusqu'à la *porte de Maintenon* (**endroit dangereux**, attention aux trains); tourner alors à gauche vers Rocquencourt et revenir à Versailles par le Chesnay, en passant successivement par la *route de Rocquencourt à Saint-Cloud*, la *rue de l'Eglise* (1re bifurcation à droite après la *route* de *Saint-Germain*), la *place du Tartre*, les *rues Pierre-Chaulin*, *Pottier*, de *Versailles*, le *carrefour Saint-Antoine* et le *boulevard du Roi*, dont le trottoir de gauche est cyclable.

18. — *But :* Poissy.

50 *kilomètres environ.*

Porte Saint-Antoine. — Rocquencourt. — Porte de Rocquencourt. — Trou d'Enfer. — Étoile Royale. — Étoile Parfaite. — Chambourcy. — Poissy. — Les Loges. — Saint-Germain. — Fourqueux. — Porte de Maintenon. — Rocquencourt.

Gagner la *porte de la forêt de Marly*, à Rocquencourt, par le *boulevard de la Reine*, la *petite avenue Saint-Antoine*, la *porte Saint-Antoine* et la *route de Rocquencourt ;* si la grille n'est pas ouverte, pousser la petite porte en bois ; monter l'allée tout droit et suivre au sommet le chemin qui oblique à gauche ; passer au carrefour entre la ferme et le jardin potager enclos de murs ; après l'*Etoile du Compas*, traverser la *route de Saint-Cyr à Saint-Germain*, prendre en face la *route Plantée*, et, à l'*Etoile du Partage*, *la route Royale* jusqu'à l'*Etoile Royale*. Tourner alors à droite et descendre la *route de Fourqueux*, trottoir cyclable ; voir à droite le **point de vue Saint-Michel** (plaques indicatrices); revenir à la *route de Fourqueux* et prendre la *route Dauphine* (1re à gauche après la maison du garde); à l'*Etoile Parfaite*, tourner à droite par la *route des Princesses ;* magnifique descente ; **belle vue** au versant du coteau que l'on remonte avant une nouvelle descente vers la *route de Chambourcy* que l'on prend vers la gauche ; à la sortie de Chambourcy, prendre à droite à travers les terrains maraîchers le *chemin* de *Poissy* qui aboutit à un carrefour sur le haut de la ville : la 1re descente à droite est la moins rapide ; la 2e, assez dangereuse ; la 3e, en prolongement de la route d'arrivée, est une rue pavée, qui accède directement à gauche à un vieux bâtiment couvert de lierre et flanqué de tours, reste de l'*abbaye* du XIVe siècle, dont l'enclos renferme l'ancienne propriété du peintre Meissonier ; à droite, à la *Maison de* *correction*, et plus loin par l'*avenue Meissonier* à l'*Eglise Notre-Dame*, bâtie de 1130 à 1140, restaurée au XIXe siècle par Viollet-le-Duc, et qui contient de belles boiseries du XVIIe siècle dans une chapelle à gauche, et dans une autre à droite, les *fonts baptismaux de saint Louis*, né à Poissy en 1215. La légende raconte que la râclure de ces fonts, absorbée dans un verre d'eau, guérissait de la fièvre : aussi furent-ils si bien râclés qu'il n'en reste que des fragments informes.

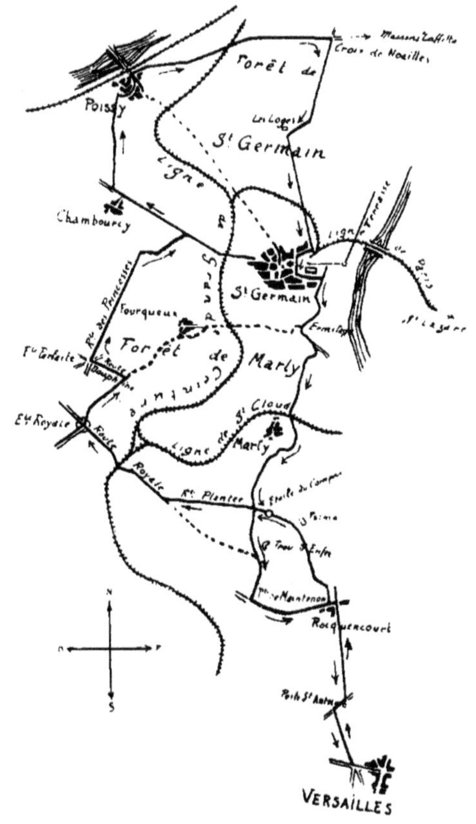

Au sortir de l'église, une des rues qui partent de l'abside conduira dans la *rue de Paris*, prolongement de la *route de Saint-Germain*, aux abords de la *gare de l'Etat*. On passera sous la voie et l'on s'avancera sur le *vieux pont* restauré, dont les piles datent du XIIIe siècle, pour y jouir d'une vue superbe sur les coteaux boisés qui bordent la *Seine*.

Revenant sur ses pas, on prendra à gauche après la ligne l'*avenue Maurice-Berteaux*, continuée par le *boulevard de Maisons* ; la route pénètre dans la *forêt de Saint-Germain*, traverse la *ligne de Grande Ceinture*, et croise celle de Conflans à la *Croix-de-Noailles* ; on prendra cette dernière à droite vers Saint-Germain : au 1er tournant, à l'*Etoile du Chêne Saint-Fiacre*, le chemin sous bois à droite conduira aux *Loges* en quelques tours de roue (voir *Lieux historiques*, n° IX).

L'*avenue des Loges*, en face, prolongée dans Saint-Germain par la *rue de Pontoise*, amène à l'*Eglise* (voir *Lieux historiques*, n° IX). Par la *rue Thiers* et la *rue Le Nôtre*, en contournant le château, on gagnera la Terrasse.

Pour revenir, suivre la *rue Le Nôtre* et l'*avenue Gambetta*, descendre jusqu'à l'Ermitage ; là, on tournera à gauche si l'on veut rentrer par Marly-le-Roi (voir *Itin. précédent*), à droite si l'on préfère allonger un peu et remonter sur Fourqueux et l'*Etoile Royale*. A l'*Etoile Royale*, prendre à gauche la *route Royale*, qui tombe sur celle de Saint-Cyr : descendre jusqu'à la *porte de Maintenon*, tourner à gauche vers Rocquencourt, puis à droite vers la *porte Saint-Antoine*.

✾

PROMENADES AUTOMOBILES

UNE SEMAINE EN AUTO AUX ENVIRONS DE VERSAILLES

AVIS IMPORTANT

Chacun de nos itinéraires correspond à un jour de la semaine où l'on est *sûr* de trouver *ouverts* les Musées et Châteaux à visiter sur le circuit.

Les distances sont mesurées à partir de la *place d'Armes*.

1. — DIMANCHE

But : **Saint-Germain. — Poissy.**

50 *kilomètres environ.*

Carrefour du Chesnay. — Porte Saint-Antoine. — Rocquencourt. — Louveciennes. — Marly. — Port-Marly. — Saint-Germain. — Les Loges. — La Croix de Noailles. — Poissy. — Saint-Germain. — Fourqueux. — Forêt de Marly. — Étoile Royale. — Saint-Nom-la-Bretèche. — Villepreux. — Le Trou Moreau. — Saint-Cyr. — Versailles.

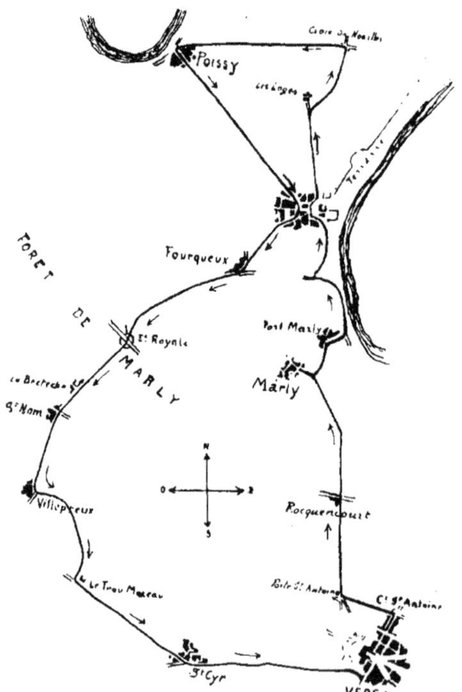

Très belle promenade à travers les *forêts de Saint-Germain* et de *Marly* et qui permet de voir et visiter en route :

L'*Aqueduc de Louveciennes ;* l'*emplacement du Château de Marly* (voir *Lieux historiques,* nº X) ;

La *Terrasse et le Château de Saint-Germain* (la terrasse est interdite aux automobiles) ; la *Maison des Loges* (voir *Lieux historiques,* nº IX);

L'*Eglise* et *l'Abbaye de Poissy* (voir *Itin. cycl.* nº 18);

Saint-Cyr et le *Musée du Souvenir* (voir *Lieux historiques,* nº II).

2. — LUNDI

But : Machine de Marly. — Wideville. — Grignon.

50 kilomètres environ.

Petit-Chesnay. — La Celle-Saint-Cloud. — Bougival. — La Machine. — Port-Marly. — Saint-Germain. — Chambourcy. — Aigremont. — Feucherolles. — Davron. — Chateau de Wideville. — Grignon. — Les Petits-Prés. — Les Clayes. — Saint-Cyr. — Route de Saint-Cyr.

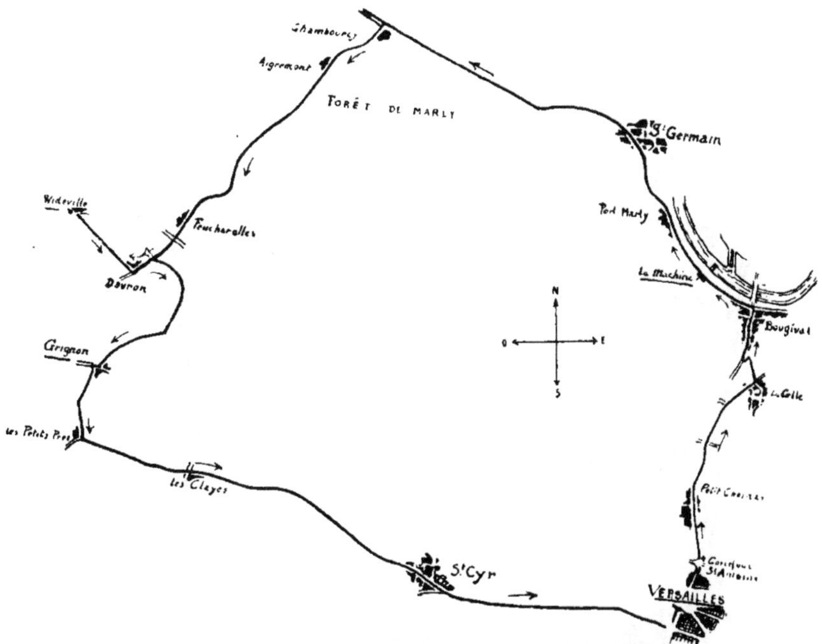

Quatre arrêts sont nécessaires au cours de cette promenade (qui peut se faire, comme les deux suivantes, en un après-midi) pour visiter :

Le *cimitière de La Celle-Saint-Cloud* (voir *Itinér. péd.* n° 11) ;

La *Machine élévatoire de Marly* (voir *Lieux historiques*, n° X) ;

Le *Château de Wideville* (voir *Lieux historiques*, n° XI).

L'*Ecole nationale d'Agriculture de Grignon* (voir *Lieux historiques*, n° XII).

3. — MARDI

But : Sèvres. — Rueil.

38 *kilomètres environ.*

Avenue de Paris. — Statue Maze. — Les Six-Ponts. — Viroflay. — Chaville. — Vélizy. — Aérodrome de Villacoublay. — Petit-Bicêtre. — Route de Verrières. — Étang de Villebon. — La Patte-d'Oie. — Pavé de Meudon. — Terrasse de Meudon. — Bellevue. — Sèvres. — Saint-Cloud. — Suresnes. — Mont-Valérien. — Rueil. — La Malmaison. — Bougival. — Voisins. — Louveciennes. — Rocquencourt. — Porte Saint-Antoine.

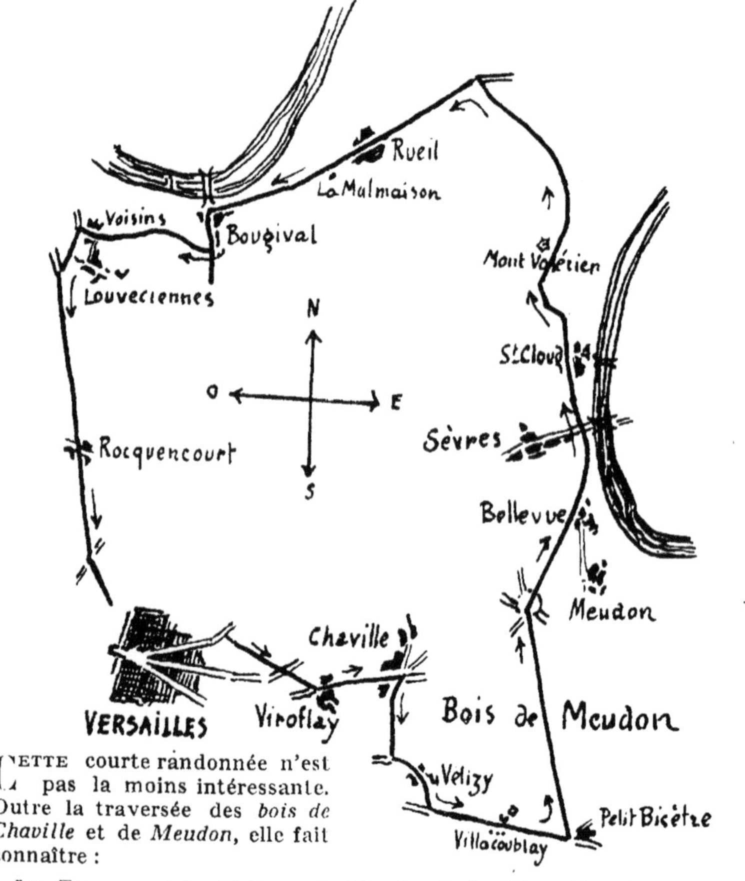

Cette courte randonnée n'est pas la moins intéressante. Outre la traversée des *bois de Chaville* et de *Meudon*, elle fait connaître :

La *Terrasse* et le *Château de Meudon* (voir *Lieux historiques*, n° IV);
La *Manufacture de Sèvres* (voir *Lieux historiques*, n° V);
L'*Eglise de Rueil* (voir *Lieux historiques*, n° VIII);
Le *Château de la Malmaison* (voir *Lieux historiques*, n° VIII).

4. — MERCREDI

But : Buzenval. — Le Vésinet.

42 kilomètres environ.

ROUTE DE PICARDIE. — ÉTANGS DE VILLE-D'AVRAY. — LES JARDIES. — SAINT-CLOUD. — BUZENVAL. — RUEIL. — CHATOU. — LE VÉSINET. — LE PECQ. — L'ERMITAGE. — L'ÉTANG-LA-VILLE. — FORÊT DE MARLY. — NOISY-LE-ROI. — BAILLY. — ROCQUENCOURT. — LE BUTARD. — VAUCRESSON. — ROUTE DE VERSAILLES. — AVENUE DE VILLENEUVE-L'ÉTANG.

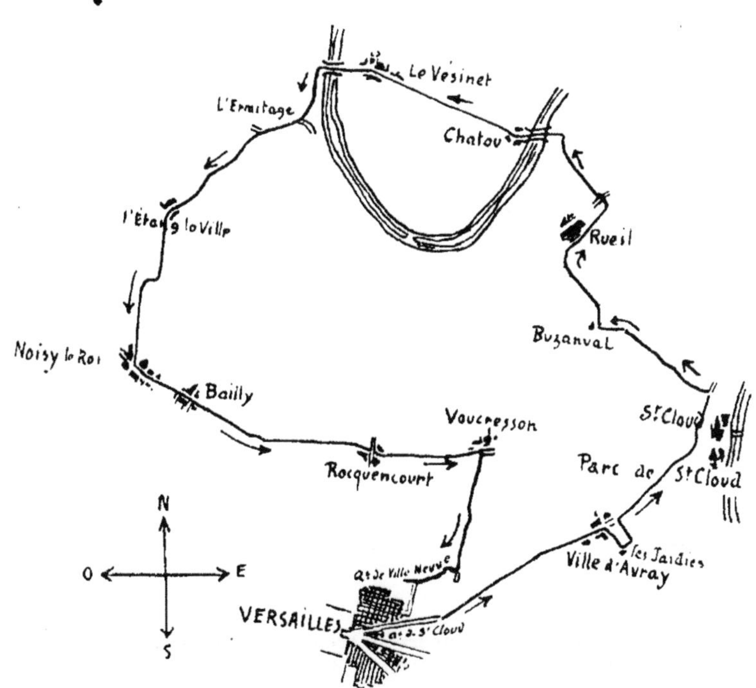

Charmante promenade d'après-midi. A voir :

Les *Etangs et l'Eglise de Ville-d'Avray* (voir *Itin. cycliste*, n° 4) ;

Les *Jardies* (voir *Lieux historiques*, n° VI) ;

Le *Parc de Saint-Cloud* (voir *Lieux historiques*, n° VII) (Entrée 2 fr voir p. 72) ;

Le *château de Buzenval* (voir *Itin. cycliste*, n° 6).

Retour très agréable par le Vésinet et la *forêt de Marly*.

5. — JEUDI

But : Montfort-l'Amaury. — Rambouillet.

82 kilomètres environ.

SAINT-CYR. — BOIS D'ARCY. — PONTCHARTRAIN. — NEAUPHLE-LE-CHATEAU. — GARE DE MÉRÉ. — MONTFORT-L'AMAURY. — SAINT-LÉGER-EN-YVELINE. — RAMBOUILLET. — LE PERRAY. — LES ESSARTS-LE-ROI. — SAINT-RÉMY-L'HONORÉ. — LE TREMBLAY-SUR-MAULDRE. — JOUARS. — PONTCHARTRAIN. — ERGAL. — ÉLANCOURT. — TRAPPES. — SAINT-CYR.

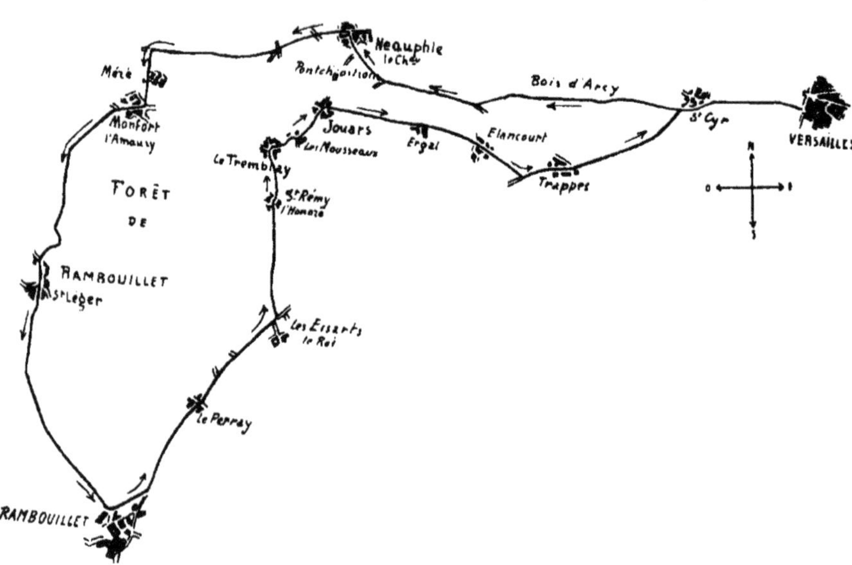

UNE des plu belles randonnées à recommander. Elle comporte de magnifiques **points de vue**, la traversée de la *forêt de Rambouillet* et la visite de

Montfort-l'Amaury (voir *Lieux historiques*, n° XI) et du *Château de Rambouillet.*

(Pour tout ce qui concerne Rambouillet et Montfort, voir le *Guide du Syndicat d'Initiative local.*)

6. — VENDREDI

But : Dampierre. — Les Vaux-de-Cernay. — Chevreuse.

84 *kilomètres environ.*

Satory. — La Minière. — Guyancourt. — Voisins-le-Bretonneux. — Port-Royal. — Saint-Lambert. — Milon-la-Chapelle. — Chevreuse. — Dampierre. — Maincourt. — Les Essarts-le-Roi. — Auffargis. — Les Vaux-de-Cernay. — Les Bouillons. — Cernay-la-Ville. — Chevreuse. — Saint-Rémy. — La Trinité. — Gif. — Bures. — Orsay. — Palaiseau. — Igny. — Bièvres. — Jouy-en-Josas. — Petit-Jouy. — Pont Colbert.

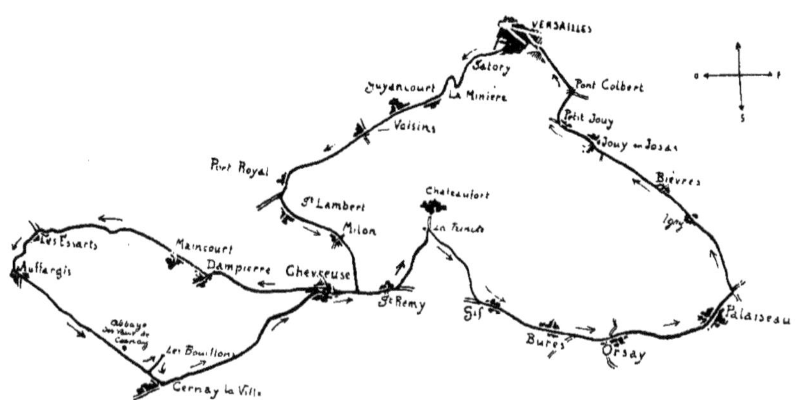

Délicieux itinéraire qui suit les vallées de l'*Yvette* et de ses affluents, et pour revenir, celle de la *Bièvre*. Il comporte la visite de :

L'*Abbaye de Port-Royal* (voir *Lieux historiques*, n° XV) ;

Du *Château de la Madeleine* (voir *Lieux historiques*, n° XVII) ;

De celui de Dampierre (voir *Lieux historiques*, n° XVI) ;

De l'*Abbaye des Vaux-de-Cernay* (voir *Lieux historiques*, n° XVI) ;

Un arrêt à la *Mairie de Jouy* (voir *Lieux historiques*, n° III).

(Pour détails sur la 2e partie de la promenade, voir *Itinéraire cycliste* n° 14.)

7. — SAMEDI

But : L'Hay. — Juvisy-sur-Orge.

62 kilomètres environ.

Pont Colbert. — Villacoublay. — Ferme de Malabry. — Robinson. — Sceaux. — Bourg-la-Reine. — L'Hay. — Chevilly. — Paray. — Juvisy-sur-Orge. — Savigny-sur-Orge. Épinay-sur-Orge. — Longjumeau. — Palaiseau. — Saclay. — Toussus-le-Noble. — Aérodrome de Buc. — Buc.

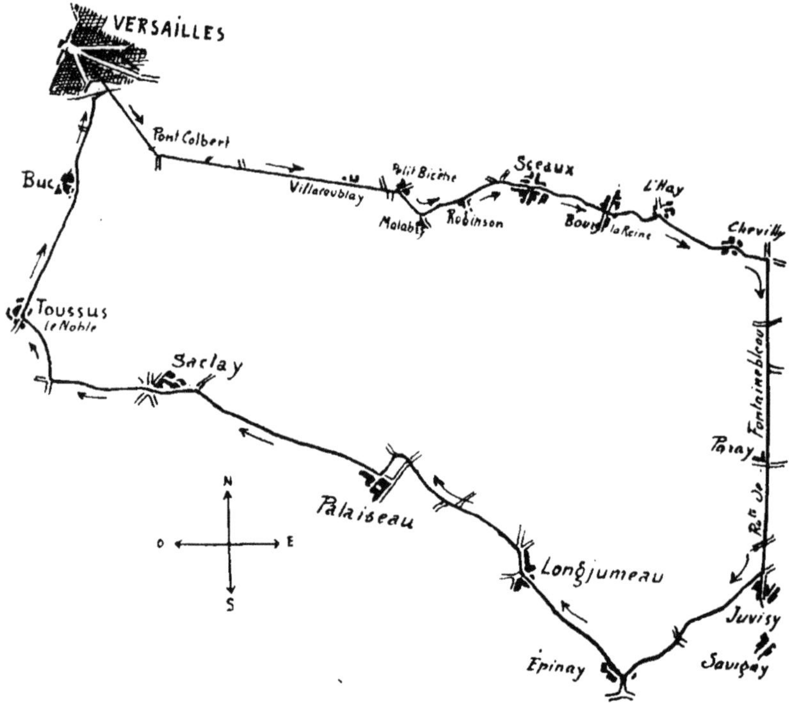

Cette dernière promenade offre les superbes **points de vue de** *Robinson* et de la *Terrasse de Juvisy.*

Visiter en cours de route :

Le *Parc de Sceaux* (voir *Lieux historiques*, n° XVIII) ;

La merveilleuse *Roseraie de l'Hay* (voir *Lieux historiques*, n° XIX) ;

L'*Hôtel de Ville* et le *Parc de Juvisy* (voir *Lieux historiques*, n° XX) ;

L'Aérodrome Farman à Toussus-le-Noble.

PROMENADES AÉRIENNES

Il n'est guère possible de fixer, en matière aérienne, des itinéraires précis. Mais il faut dire qu'à notre époque, où l'avion offre le même confort et la même sécurité que le plus perfectionné des véhicules sur route, on ne saurait quitter Versailles, lorsqu'on le connaît par en bas, sans l'avoir contemplé d'en haut.

L'immensité de sa superficie, l'harmonie de ses lignes, le génial dessin tant de la ville elle-même que du château et de ses parcs, ne se peuvent apprécier qu'au cours d'un survol en avion. Quant à la ceinture de forêts et au réseau de replis vallonnés qui l'entourent, on n'en peut comprendre qu'à vol d'oiseau la pittoresque complication.

Nous conseillons donc aux touristes de faire au moins une promenade aérienne sur le *parc* et sur la *ville*, et autant que possible, de l'allonger par un circuit au-dessus de Marly, Saint-Germain et la *vallée de la Seine* vers Paris d'une part, au-dessus des *vallées de la Bièvre*, de *la Mérantaise* et de l'*Yvette*, d'autre part.

Un coup de téléphone à l'une des maisons indiquées ci-dessous, et une automobile viendra vous prendre à votre hôtel.

Maison Blériot (Aérodrome de Buc).

Promenades aériennes au-dessus de l'Aérodrome et des environs et voyages à volonté, sur *Spad* biplaces et triplaces limousines. — Autocar Versailles-Aéro-Parc de Buc à la disposition des touristes. — *Tél.* : *Versailles* 10-54.

Maison Farman (Aérodrome de Toussus-le-Noble).

Tous les jours, promenades aériennes sur appareils type *Goliath* et autres ; survol du *Château*, de *Versailles et de ses environs*, *Saint-Germain*, *vallée de Chevreuse*, etc.

Un service de voitures automobiles assure le transport des passagers, de Versailles, gares ou grands hôtels, à l'aérodrome, sur demande téléphonique. — *Tél. : Toussus* 3 et 5.

Maison Morane-Saulnier (Aérodrome de Villacoublay).

Promenades au-dessus du *plateau de Villacoublay* ou à l'heure, sur appareils *Morane-Saulnier*, type *Parasol*, biplaces.

Prévenir la veille par téléphone. Une voiture automobile peut prendre les passagers à Versailles. — *Tél. : Vélizy* 7.

Compagnie Générale Transaérienne (Aérodrome Nieuport, à Villacoublay).

Vols de vulgarisation avec passagers (5 minutes de vol) ; promenades de plus longue durée à volonté. — *Tél. : Wagram* 53-28.

Compagnie Aérienne Française (Aérodrome du Bourget).

Promenades à volonté sur avion à deux passagers. — *Tél.* au siège social, *Central* 54-46.

QUELQUES ADRESSES ET RENSEIGNEMENTS UTILES

Les touristes en résidence à Versailles trouveront dans cette partie de notre ***Guide*** l'indication des ***établissements de crédit***, des ***bureaux de poste***, des ***églises***, des ***principaux libraires***, des ***loueurs de voitures***, ***automobiles***, ***chevaux***, ***bicyclettes***, etc. ; — les voyageurs et les excursionnistes, l'adresse des principaux ***hôtels***, ***restaurants***, ***cafés***, ***pensions de famille*** ; — les uns et les autres, l'énumération des plaisirs et ressources sportives qu'offre le séjour ou le passage dans notre cité ; — enfin, les facilités de déplacement mises à la disposition du public par les diverses Compagnies de ***chemins de fer***, de ***tramways*** et d'***automobiles*** qui ont Versailles comme tête de ligne.

AGENTS DE CHANGE

CLÉMENDOT, 41, rue de la Paroisse. *Tél.* 80.

BANQUES

BANQUE DE FRANCE, 3, rue Baillet-Réviron. *Tél.* 468.

BANQUE BOUILLOUX-LAFONT, 4, place Hoche. *Tél.* 181.

COMPTOIR D'ESCOMPTE, 8 et 10, rue du Maréchal-Foch. *Tél.* 230.

CRÉDIT INDUSTRIEL ET COMMERCIAL, 15, rue Hoche. *Tél.* 190.

CRÉDIT LYONNAIS, 53, rue de la Paroisse. *Tél.* 160.

SOCIÉTÉ GÉNÉRALE, 49 et 51, rue de la Paroisse. *Tél.* 157.

SOCIÉTÉ GÉNÉRALE (ANNEXE), 2 *bis*, rue Royale. *Tél.* 257

TRÉSORERIE GÉNÉRALE, 9 *bis*, rue du Peintre-Lebrun. *Tél.* 313.

BUREAUX DE POSTE

CENTRAL, 8, avenue de Paris.

NOTRE-DAME, 47 *bis*, rue du Maréchal-Foch.

PRÉFECTURE, 38, avenue de Saint-Cloud.

AUXILIAIRE : 7 *bis*, rue de la Paroisse.

LIEUX CULTUELS

CULTE CATHOLIQUE :

Cathédrale Saint-Louis, place Saint-Louis.

Eglise Notre-Dame, rue de la Paroisse.

Eglise Jeanne-d'Arc, 13, rue Albert-Joly.

Eglise Sainte-Elisabeth, rue des Chantiers.

Eglise Saint-Symphorien, place Saint-Symphorien.

CULTE PROTESTANT :

Eglise réformée, 5, rue Hoche.

Eglise anglicane, 11 *bis*, rue du Peintre-Lebrun.

CULTE ISRAÉLITE.

Temple, 10, rue Albert-Joly.

PRINCIPAUX LIBRAIRES

BOUDILLET, 69, avenue de Saint-Cloud.
DUBOIS, 17, rue Hoche.
ESTREM, 48, rue de l'Orangerie.
FONTAINE, 12, rue Carnot.
GEOFFROY, 9, rue de Satory.
GUILLEMARD, 28, rue de Satory.
JOUSSE, 65, rue de la Paroisse.
NICOLAS, 46, rue de la Paroisse.
THOMAS, 7 *bis*, rue de la Paroises.

CABINETS DE LECTURE

LA LECTURE DE VERSAILLES, 19, rue Carnot.
MME MONDAIN, 14, rue Hoche.

FOURNITURES PHOTOGRAPHIQUES ; DÉVELOPPEMENTS

COUTURIER, 39, rue de la Paroisse.
ESTREM, 48, rue de l'Orangerie.
FOURNIER, 18, rue Hoche.
MÉVEL, 6 passage Saint-Pierrre.
PARIS, 17, rue des Réservoirs.

AUTOMOBILES

Garages — Réparations — Location.

BOUCHOIR, 13, avenue de Saint-Cloud. *Tél.* 74.
CENTRAL-GARAGE, 81, rue de la Paroisse. *Tél.* 880.
DESCHAMPS, 36, avenue de Saint-Cloud (*Location*). *Tél.* 397.
FÉTU, 81, rue de Montreuil. *Tél.* 1010.
GEORGIN et PÉGUET, 17, rue Colbert (*Location*). *Tél.* 1415.
LEBRUN, 7 *bis*, rue de la Bonne-Aventure.
MATTON, 26, rue Albert-Joly. *Tél.* 295.
MÉTIVIER ET CIE, 6, rue de Mouchy. *Tél.* 361.
MODERN GARAGE, 46, avenue de Saint-Cloud. *Tél.* 1100.
NOIZEUX, 21 et 23, rue des Chantiers. *Tél.* 497.
SERGENT, 19, rue d'Angoulême (*Location seule*). *Tél.* 199.

CYCLES

Location et Réparations.

BABAD, 16, rue Carnot. *Tél.* 707.
BABAULT, 4, avenue de Sceaux. *Tél.* 465.
COSTES, 13, rue de Montreuil.
MARCHAND, 43, rue Carnot.
NOIZEUX, 21 et 23, rue des Chantiers. *Tél.* 497.
ROBERT, 110, rue de la Paroisse et 65 *ter* av. de St-Cloud. *Tél.* 997.
ROLLAND, 12, rue Carnot. *Tél.* 617.

MANÈGES

Location de chevaux. — Promenades accompagnées.

CHAFFIN, avenue de Normandie, Glatigny. *Tél.* 846.
DARRIGADE, 6, rue Saint-Claude.

VOITURES

Location de breaks, etc.

BUFFET, 41, rue du Parc-de-Clagny. *Tél.* 147.
SERGENT, 19, rue d'Angoulême. *Tél.* 199.

AGENCES DE LOCATION

Bellamy, 39, rue du Maréchal-Foch. *Tél.* 144.

Bonvoisin, 43 *bis*, rue du Maréchal-Foch. *Tél.* 833.

Dèleval, 16 *bis*, rue de la Chancellerie. *Tél.* 455.

Lefièvre, 34, rue du Maréchal-Foch. *Tél.* 23 et 24.

Nicolas, 2, rue St-Lazare. *Tél.* 439.

Notre-Dame, 2, rue Hoche.

Rhorer, 39, rue Carnot. *Tél.* 425.

Trianon, 51, rue du Maréchal-Foch. *Tél.* 220.

HOTELS

1° *de grand luxe*

Hotel des Réservoirs, 9 et 11, rue des Réservoirs. *Tél.* 153 et 103.

Hotel Trianon-Palace, 1, boulevard de la Reine. *Tél.* 786 et 787.

2° *de 1er Ordre.*

Hotel de France, 5, rue Colbert, *Tél.* 250.

Hotel de Noailles, 18 et 20, rue de Noailles. *Tél.* 896.

Hotel Vatel, 38, rue des Réservoirs. *Tel.* 358.

Hotel Royal (ex-*Suisse*), 3, rue Pétigny. *Tél.* 351.

3° *Autres établissements.*

Hotel de Bretagne, 2 *bis*, rue de l'Abbé-Rousseau. *Tél.* 286.

Hotel de la Chasse, 2, 4 et 6. rue de la Chancellerie. *Tél.* 92.

Hotel de Chateaudun, 1, place de l'Ouest. *Tél.* 53.

Hotel du Grand Saint-Martin, 16 et 18, rue des Chantiers. *Tél.* 645.

Hotel de la Grande Fontaine, 63, rue de la Paroisse.

Hotel Terminus, 4, avenue Thiers. *Tél.* 357.

Hotel des Voyageurs, 3, place de l'Ouest. *Tél.* 474.

RESTAURANTS

Les *hôtels* cités ci-dessus et aussi :

Brasserie Muller, 23 *bis*, avenue de Saint-Cloud. *Tél.* 43.

Café Anglais et Américain, 49, rue du Maréchal-Foch. *Tél.* 335.

Chalet de la Paix, 45, rue de Maréchal-Foch. *Tél.* 354.

Hotel du Chariot d'Or, 10, rue André-Chénier. Tél. 42.

Hotel du Chat qui Prise, 57, rue de la Paroisse. *Tél.* 1172.

Hotel du Lion d'Or, 38 et 40, rue du Maréchal-Foch.

Restaurant Burel, 22, rue du Maréchal-Foch.

Restaurant du Chapeau gris, 7, rue Hoche. *Tél.* 1081.

Restaurant du Chien qui fume, 72, rue de la Paroisse.

Restaurant de la Flottille du Canal, Petite Venise.

Restaurant de la Grille du Parc, 19, rue des Réservoirs. *Tél.* 1020.

Restaurant de Londres, 7, rue Colbert. *Tél.* 579.

Restaurant Louis XIV, 3, rue Pétigny. *Tél.* 351.

Restaurant du Musée, 2, rue des Réservoirs.

Restaurant du Panier fleuri, 22, avenue de Saint-Cloud.

Restaurant Pilloud, 12, rue André-Chénier. *Tél.* 1322.

Restaurant du Rocher de Cancale, 9, rue Colbert. *Tél.* 780.

Restaurant du Sabot d'Or, 23, rue du Maréchal-Foch. *Tél.* 1017.

Taverne Royale, 45, rue Carnot. *Tél.* 528.

Tea at Home, 11, rue Colbert.

CAFÉS

BRASSERIE MULLER, 23 *bis*, avenue de Saint-Cloud. *Tél.* 43.

CAFÉ ANGLAIS ET AMÉRICAIN, 49, rue du Maréchal-Foch. *Tél.* 335.

CAFÉ DE LA PLACE D'ARMES, 1, avenue de Saint-Cloud.

CAFÉ DE LA RÉUNION, 14, avenue de Sceaux.

CAFÉ-RESTAURANT DE LA FLOTTILLE, Petite Venise.

CHALET DE LA PAIX, *Tout va bien*, 45, rue du Maréchal-Foch. *Tél.* 354.

TAVERNE ROYALE, 45, rue Carnot. *Tél.* 528.

THÉS

Le thé est servi dans tous les grands hôtels, dans les cafés et dans les maisons suivantes :

TEA AT HOME, 11, rue Colbert.

THÉ DE CEYLAN, 16, rue Hoche.

GODIVIER, 20, rue de la Paroisse.

Pâtisserie BROUSSARD, 6, rue de la Paroisse.

Pâtisserie GUILLEMIN, 15, rue Royale.

Pâtisserie GUINON, rue de la Paroisse.

Pâtisserie KIEL (ancienne maison Perroche), 26, rue de Satory.

Pâtisserie MESLIN, 44, rue de la Paroisse, et 44, rue du Maréchal-Foch.

PENSIONS DE FAMILLE

CONSTANT, 25, rue des Missionnaires.

COSSON, 11, rue du Vieux-Versailles.

LEFÈVRE, 11, rue Berthier.

VILLA BERTHIER, 37, rue Berthier.

VILLA DE MADEMOISELLE, 8, rue Mademoiselle.

VILLA MAINTENON, 40, rue du Peintre-Lebrun. *Tél.* 1901.

VILLA VICTORIA, 11, rue Sainte-Victoire.

ATTRACTIONS ET SPORTS

FÊTES VERSAILLAISES

La *Société des Fêtes Versaillaises* arrête et exécute tous les ans un copieux programme de fêtes diurnes et nocturnes, qui sont annoncées par voie d'affiches et par la presse, en temps voulu. Elle organise en outre une *grande fête annuelle* qui attire à Versailles un flot de visiteurs ; cette fête, fixée au dimanche qui suit le 14 juillet, constitue la célébration à Versailles de la *Fête nationale*. Il y a, dans la journée, Grandes Eaux au Parc et à Trianon, et généralement, le soir, une fête de nuit, combinaison unique au monde du jeu des eaux et de feux d'artifice, au *Bassin de Neptune*. Retenir d'avance des places de tribunes, dans les principaux hôtels de Versailles.

De son côté, la municipalité, le dernier dimanche de juin, célèbre l'*anniversaire du général Hoche*, né à Versailles, rue de Satory, n° 18, le 24 juin 1768. Cette fête comporte une revue des troupes de la garnison, des concours sportifs et attractions diverses sur l'*avenue de Paris*, les Grandes Eaux dans le parc, et le soir, un feu d'artifice sur la *place d'Armes*.

LES GRANDES EAUX

Les *Grandes Eaux de Versailles* jouent d'ordinaire le 1er dimanche de chaque mois, de mai à octobre compris, et aussi à l'occasion de fêtes soit exceptionnelles, soit régulières, comme celle de Hoche, la Fête nationale ou la Saint-Louis. Elles sont annoncées par voie d'affiches.

Voir *Itinéraire spécial*, p. 54.

Les *Grandes Eaux de Trianon* jouent le 3e dimanche des mois de mai, juin, juillet, août et septembre.

LES CONCERTS MILITAIRES

L'excellente musique du 101e d'infanterie (ancienne musique du 1er génie), qui ne compte pas moins de 65 exécutants, se fait entendre le dimanche et le jeudi, à 14 h. 1/2 ou 15 heures selon les saisons, d'avril à fin septembre, dans le Parc, au *Quinconce des Marronniers*, à gauche de l'*allée Royale*, et d'octobre à fin mars dans le *Hangar aux manœuvres* (manège du 2e hussards), *avenue de Paris*.

CANOTAGE

La Société du *Grand Canal du Parc de Versailles* met à la disposition du public un grand nombre de yoles à un ou deux rameurs, de petits et grand canots de promenade. Location à l'heure. Embarcadère à droite du Canal, à la *Petite Venise*.

NATATION

Les *Bains des Jambettes* (entrée à côté de la maison du garde de la *porte de Cérès, allée de Trianon*) comportent un petit bain, une piscine moyenne et une grande piscine.

Des maîtres-nageurs sont attachés à l'établissement.

TENNIS

Tennis Club du Mail (*route de Saint-Cyr*, après la *pièce d'eau des Suisses*). — On s'y rend par le Parc et la *grille des secondes Cent Marches* ou par la *grille du Mail*, à l'extrémité de l'*allée de l'Automne;* ou par les *tramways de Clagny-Orangerie* (terminus pendant l'été) et de *Saint-Cyr* (arrêt facultatif).

Le Club admet des membres temporaires présentés par deux membres permanents. Des conditions spéciales sont faites pour plusieurs membres d'une même famille ainsi que pour les jeunes gens et jeunes filles de moins de quinze ans.

Trianon-Palace. — Le *Grand Hôtel de Trianon-Palace* possède deux courts ombragés dans son parc particulier. Ils sont réservés aux personnes en résidence à l'hôtel.

TIR

La *Société de Tir* de Versailles, S. A. G., possède le stand du Mail, *route de Saint-Cyr*, en face de la *porte de sortie* du *Parc* par la grande *allée* transversale de l'*Automne* (*grille du Mail*). On y accède aussi par la *rue Gambetta* et la *route de Saint-Cyr*, ou par les *tramways Versailles-Saint-Cyr* (arrêt facultatif) et *Clagny-Orangerie*, dont le terminus est reculé jusque-là pendant la saison d'été.

Il comprend des cibles de toutes sortes pour armes de guerre, carabine, pistolet, revolver, y compris un tir au sanglier mobile et un tir aux pigeons d'argile.

En dehors des sociétaires et des membres de S. A. G. ou S.S. d'une ville française de passage à Versailles, lesquels jouissent de réductions sur tous les tarifs, les touristes français et étrangers sont admis à s'y entraîner au tir aux conditions faites aux non-sociétaires.

Grand jardin ombragé autour du pavillon ; *Buffet-Restaurant* à la disposition des tireurs et des visiteurs. *Tél. Versailles* 1219.

GOLF

Golf de Paris, à La Boulie, à 4 kilomètres des grands hôtels, par l'*avenue de Paris*, la *rue des Chantiers*, la *route du Pont-Colbert* et le chemin particulier qui lui fait suite, avant qu'elle incline à gauche. Société privée. *Tél. Versailles* 141.

Pour y être admis comme joueur temporaire ou comme invité, il est indispensable d'être présenté par un sociétaire, ou tout au moins muni d'une autorisation écrite et signée d'un joueur permanent.

Société sportive de Saint-Cloud Country-Club, à 10 kilomètres de Versailles, par le *boulevard de la Reine* ou l'*avenue de Saint-Cloud*, la *route de Picardie*, la *route de Versailles à Vaucresson*, la *route de Saint-Cloud* à droite, jusqu'à la *porte Jaune*, la *route de Rueil* à gauche et le *chemin de Buzenval*, à gauche. Société privée. *Tél. Garches* 145.

Les personnes étrangères au club, sur la demande et sous la responsabilité d'un membre du comité, peuvent obtenir une carte de joueur temporaire. Elles peuvent être invitées, pour un jour, par un joueur permanent.

MOYENS DE TRANSPORT

I

Dans Versailles

TRAMWAYS ÉLECTRIQUES

Ligne A. — Bleu avec barre blanche horizontale, de *Glatigny* à *Grandchamp.*

Ligne B. — Rouge avec barre blanche verticale, de *Clagny* à la *grille de l'Orangerie.*

Ligne C. — Vert. Du *Chesnay* à la *Gare des Chantiers*, avec prolongement, chamois, jusqu'à la *grille de Porchefontaine.*

Ligne D. — Jaune. Du *square Duplessis* à *Picardie* et à la *grille du boulevard de la République*, alternativement.

Ligne E. — Gris. De la *Gare R. D.* au *Palais.*

Ligne F. — Rose. De la *Gare R. D.* à *Trianon.*

Arrêts fixes (rouges), facultatifs (blancs).

VOITURES DE PLACES ET TAXIS

Il existe deux stations de fiacres et taxis à proximité des gares R. D. (*boulevard de la Reine*) et R. G. (*avenue de Sceaux*).

Ces stations sont munies du téléphone, R. G. 770 ; R. D. 771. Demander les tarifs imprimés.

II

Hors Versailles

A) De Versailles a Paris.

CHEMINS DE FER

1° *Gare Rive Droite ; Versailles-Saint-Lazare*, par Viroflay, Chaville, Sèvres-Ville-d'Avray, Saint-Cloud, le Val d'Or, Suresnes, Puteaux, Courbevoie, Bécon, Asnières, Clichy.

Environ 25 trains par jour dans chaque sens ; trajet en 35 à 50 minutes.

2° *Gare Rive Gauche ;* trains électriques *Versailles-Invalides*, par Viroflay, Chaville, Meudon-Val-Fleury, Issy-les-Moulineaux, Issy-Plaine, Javel, Pont Mirabeau (*métro Auteuil-Opéra*), Pont de Grenelle, Champ-de-Mars (*métro Etoile-Italie*), La Bourdonnais, Pont de l'Alma.

Environ 50 trains par jour dans chaque sens; trajet en 25 à 35 minutes.

3° *Gare Rive Gauche ; Versailles-Montparnasse*, par Viroflay, Chaville, Sèvres, Bellevue, Meudon, Clamart, Vanves-Malakoff, Ouest-Ceinture.

Environ 30 trains par jour dans chaque sens ; trajet en 35 à 45 minutes.

L'aller et retour pour Paris, double du billet simple, pris à la gare R. G., est valable indistinctement sur l'une ou l'autre des lignes Montparnasse ou Invalides.

4° *Gare des Chantiers*, à *Montparnasse*, par les grandes lignes *; aux Invalides*, par la ligne de Dreux.

TRAMWAY LOUVRE-VERSAILLES

par Viroflay, Chaville, Sèvres, Billancourt, Boulogne, Auteuil, Pont-Mirabeau (*métro Auteuil-Opéra*), Passy (*métro Etoile-Italie*), Trocadéro, Concorde.

Départ de la *place d'Armes*, toutes les 10 à 15 minutes ; trajet en 1 heure à 1 h. 1/4.

B) De Versailles aux Environs.

CHEMINS DE FER

1° Les *lignes de Paris* (voir plus haut).

2° *Gare des Chantiers*.

a) *Ligne de Chartres*, par Saint-Cyr, Trappes, La Verrière, Les Essarts-le-Roi, Le Perray, Rambouillet.

b) *Ligne de Dreux*, par Saint-Cyr, Villepreux-les-Clayes, Plaisir-Grignon, Villiers-Neauphle, Méré-Montfort-l'Amaury.

c) *Ligne de Grande-Ceinture*, vers Poissy, par Saint-Cyr, Bailly, Noisy-le-Roi, Saint-Nom-la-Bretèche, Mareil-Marly, Saint-Germain, Poissy

d) *Ligne de la Grande Ceinture*, vers Massy-Palaiseau, par Petit-Jouy, Jouy-en-Josas, Bièvres, Igny, Massy-Palaiseau.

3° *Gare Rive Droite*, *Versailles-Saint-Lazare* jusqu'à Saint-Cloud, et correspondance avec la *ligne de Saint-Lazare à Saint-Nom-la-Bretèche*, par Garches, Vaucresson, Louveciennes et Marly.

4° *Ligne d'intérêt local de Versailles à Maule*, départ du dépôt, 12, *rue des Marais* au Chesnay, ou au *Carrefour du Chesnay*, par Rocquencourt, porte de Maintenon, Bailly, Noisy-le-Roi, Saint-Nom, Feucherolles, Davron, etc. (1).

TRAMWAY DE SAINT-CYR

Départ devant la *gare Rive Gauche, avenue Thiers*, toutes les demi-heures, par l'Orangerie, le Stand, la Ménagerie et la *route de Saint-Cyr*. Trajet en 15 à 20 minutes.

SERVICES AUTOMOBILES (1)

1° *de Versailles* (*café Daix, place de l'Ouest*, avec arrêt *gare Rive Gauche*, 3 fois par jour) *à Châteaufort et Saint-Rémy-les-Chevreuse*, par Buc et Toussus-le-Noble.

2° *de Versailles* (*café du Départ, gare Rive Gauche*, 2 fois par jour) *à Magny-les-Hameaux*, par la Minière, Guyancourt, Voisins-le-Bretonneux et Port-Royal.

EXCURSIONS EN AUTO-CAR

Un service d'*auto-cars de luxe* est organisé par le *Syndicat d'Initiative* pour la visite des environs, à des conditions très avantageuses.

Demander le prospectus de saison au *kiosque du Syndicat*.

(1) Demander l'horaire au Kiosque du Syndicat.

Imprimerie Kapp
Paris-Vanves

www.ingramcontent.com/pod-product-compliance
Ingram Content Group UK Ltd.
Pitfield, Milton Keynes, MK11 3LW, UK
UKHW021824190726
13853UKWH00003B/1168

9 782329 613147